MW00474771

LA LIBERTAD INTERIOR

Jiddu Krishnamurti

LA LIBERTAD INTERIOR

Numancia, 117-121
08029 Barcelona

Título original: TALKS AND DIALOGUES SAANEN 1968

Primera edición: Octubre 1993
Octava edición: Enero 2008

ISBN-10: 84-7245-283-2
ISBN-13: 978-84-7245-283-1
Dep. Legal: B-4.241/2008

Fotocomposición: Beluga & Mleka, Córcega, 267, 08008 Barcelona
Impresión y encuadernación: Romanyà-Valls. Verdaguer, 1. 08786 Capellades

La presente edición en lengua española ha sido contratada –bajo la licencia de la Krishnamurti Foundation Trust (KFT) (www.kfoundation.org - kft@brockwood.org.uk)– con la Fundación Krishnamurti Latinoamericana (FKL) (www.fundacionkrishnamurti.org - fkl@fundacionkrishnamurti.org).

CAPÍTULO 1

La seriedad. Las ideologías. La cooperación. Las divisiones ideológicas y religiosas. Los peligros de la autoridad. Las guerras. El problema total y esencial del ser humano. La naturaleza del pensamiento.

Espero que desde el primer día y durante estas reuniones seamos muy serios. Temo que la mayoría de nosotros hayamos venido con un espíritu de vacaciones a contemplar las colinas y las montañas, los verdes valles y los arroyos que fluyen; a estar tranquilos, a encontrarnos con los amigos y a divertirnos un poco, todo lo cual está bien; pero si hemos de sacar algo que valga la pena de estas reuniones, tenemos que ser muy serios desde el principio.

Hay enormes problemas a los cuales hemos de enfrentarnos como seres humanos. Como vivimos en un mundo insensato y estupido. tenemos que ser serios. Y me parece que las personas que son realmente serias, en su corazón, en su íntimo ser –no de un modo neurótico, ni con arreglo a ningún principio o compromiso determinado–, tienen ese carácter, me esa condición de seriedad que es necesaria.

Cuando uno observa lo que está pasando en este mundo: la situación de la juventud, la ansiedad por la guerra, la pobreza extrema, los odios y motines raciales, la forma lamentable en que los pequeños países soportan su situación monetaria, etc., uno siente que no sabe lo que está sucediendo. Hemos oído muchísimas explicaciones de los filósofos, los intelectuales, los teólogos, los sacerdotes, los psicólogos, de todas las burocracias organizadas, y así sucesivamente. Pero las explicaciones no son bastante buenas, y aún conociendo la causa de estas perturbaciones, no se resuelve la cuestión. Aquí, durante estas reuniones, vamos a ser responsables como individuos y como seres humanos: vamos a ver si podemos entender el problema de nuestra existencia con su desorden, su caos, la desdicha y el enorme dolor, que es a la vez interno y externo. Evidentemente, estamos obligados a disipar las tinieblas que como individuos hemos creado en nosotros y en los demás. Por eso, tenemos que ser muy serios.

Como ustedes saben existen personas que son serias de un modo neurótico; creen que son serias si siguen cierto principio, creencia, dogma o ideología, y si continúan practicándolo. Tales personas no son serias. Tienen una creencia, y esa creencia engendra un extraordinario estado de desequilibrio. De modo que uno tiene que estar sumamente alerta para descubrir qué es lo que significa ser serios.

Podemos ver que las ideologías desempeñan un enorme papel en la vida del hombre en todas las partes del mundo, y que, en efecto, dividen al hombre en grupos: el republicano y el demócrata, la izquierda y la derecha, etc. Separan a las personas y por su misma naturaleza, estas ideologías llegan a convertirse en "autoridad". Y entonces los que asumen el poder tiranizan de manera democrática o despiadada. Esto se puede observar en todo el mundo. Las ideologías, los principios y las creencias, no sólo separan a los hombres en grupos, sino que en realidad impiden la cooperación; sin embargo, lo que necesitamos en este mundo es cooperar, colaborar, actuar juntos, sin que usted lo haga de una manera por pertenecer a un grupo, y yo de otra. La división surge inevitablemente si usted cree en determinada ideología, sea la comunista, la socialista. la capitalista, etc.; sea cual fuere esa ideología, tiene que dividir y crear conflicto.

El ideólogo no es serio, no ve las consecuencias de su ideología. Por lo tanto, para ser en realidad serio, uno tiene que desechar completamente, totalmente, estas divisiones nacionalistas y religiosas, negar lo que es absolulamente falso: y entonces, como resultado, quizás habría una posibilidad de ser real y verdaderamente serios. Tenemos que construir un mundo enteramente distinto, que nada tenga que ver con el mundo de hoy, lleno de manías, conflictos y competencias, un mundo cruel, brutal y violento.

Sólo la mente religiosa es verdaderamente revolucionaria. No existe otra mente revolucionaria; aunque se llame de extrema izquierda o de centro, no será revolucionaria. La mente que a sí mismo se llama de izquierda o de centro está tratando con un fragmento de la totalidad y divide incluso este fragmento en otras partes diversas. Esto no es, en absoluto, una mente verdaderamente revolucionaria. La mente realmente religiosa en el sentido profundo de esta palabra es revolucionaria, porque esta más allá de la izquierda, de la derecha y del centro. Comprender esto y cooperar unos con otros es producir un orden social diferente. Y esa es nuestra responsabilidad. Si pudiéramos desechar todas estas cosas pueriles, toda esta inmadurez, creo que podríamos ser la sal de la tierra; y este es el único motivo de habernos reunido. ustedes no van a sacar nada de mí, ni yo de uds. Lo que es absolutamente esencial no es posible lograrlo por medio de una ideología. Creo que esto, desde el punto de vista histórico y de los hechos, es muy obvio. Lo que está pasando en el mundo muestra la división y el conflicto que crean las ideologías. Si usted conoce y se adhiere a una ideología por superior, grande y noble que sea, se incapacita para la cooperación. Quizás esa ideología pueda dar lugar a una destructiva tiranía de la derecha o de la izquierda, más no es posible que pueda traer la cooperación de la comprensión y el amor.

La solidaridad sólo es posible cuando no hay «autoridad» alguna. Como ustedes saben. una de las cosas más peligrosas del mundo es la «autoridad». Uno asume «autoridad» en nombre de una ideología o en nombre de Dios o de la Verdad. Y es imposible que produzcan un orden mundial el individuo o el grupo de personas que han asumido esa «autoridad».

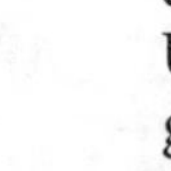

Espero que ustedes estén escuchando todo esto y que no se hallen hipnotizados por las palabras, ni siquiera por la intensidad del que habla; espero que estén compartiendo estas cosas con él.

La autoridad le da mucha satisfacción al hombre que la ejerce –no importa el nombre en que lo haga–;

deriva inmenso placer de ello y por lo tanto él es el más... Uno tiene que poner una atención intensa en semejante persona. Desde el principio de estas charlas, debemos tener bien claro por lo menos este punto: la seriedad implica no aceptar ninguna autoridad, ni siquiera la del que está hablando. Algunos vienen del Oriente y afirman, desafortunadamente, que tienen las experiencias más extraordinarias: que pueden mostrar a otro el pasado, que conocen alguna palabra que les ayudará a meditar con máxima excelencia, etc. No sé si ustedes han caído en esta clase de trampa; a muchas personas les ha pasado, a millares, a millones. Tal autoridad le impide al ser humano ser una luz para sí mismo. Cuando cada uno es luz para si mismo, sólo entonces puede cooperar, amar; sólo entonces hay un sentído de comunión de unos con otros. Pero si usted tiene su particular autoridad, tanto si esa autoridad es un individuo como si es una experiencia que usted mismo ha tenido o conocido, entonces esa experiencia, esa autoridad, esa conclusión, esa postura definida, impide una comunicacion mutua. Sólo una mente realmente libre es la que puede estar en comunión, la que puede cooperar.

Durante estos días les ruego que sean muy sensatos y no acepten la autoridad de nadie, ni la propia –cultivada mediante la experiencia, el conocimiento u otras varias conclusiones a las que ustedes hayan llegado– ni la autoridad del que habla, ni la de ningún otro. Sólo entonces, cuando la mente es libre, libre de verdad, es cuando puede aprender; una mente así es a la vez el maestro y el discípulo. Es vital que comprendamos esto, porque es lo que vamos a investigar en todas estas charlas y discusiones.

Uno tiene que ser al mismo tiempo, para sí mismo, tanto el maestro como aquello que es enseñado. Y esto únicamente es posible cuando hay un sentido de observación, de ver las cosas en uno mismo tal como son. Como ustedes saben, la mayoría de nosotros somos inconscientes de nosotros mismos. No sé si habrán observado a las personas que continuamente están hablando de sí mismas, haciendo la propia valoración de su posición en la vida. «Primero yo, y en segundo lugar todo lo demás».

Si ha de haber solidaridad entre nosotros, comunicación y comunión entre uno y otro, es evidente que tiene que desaparecer esta barrera de «primero yo, y todo lo demás en segundo lugar». El «yo» asume una importancia enorme. ¡Se expresa de tantas maneras! Por eso llegan a ser un peligro las organizaciones. Y, sin embargo, es necesaria la organización. Los que están a la cabeza de una organización o que asumen el poder de ella, se convierten poco a poco en la fuente de la «autoridad». Y con esas personas uno no puede cooperar, no puede estar en comunión.

Tenemos que crear un mundo nuevo. Estas no son meras palabras, una simple idea. Tenemos que crear, efectivamente, un mundo por completo diferente, en el que, como seres humanos, no estemos combatiendo unos con otros, destruyéndonos mutuamente; en que uno no domine al otro con sus ideas ni con sus conocimientos; en que cada ser humano sea libre en realidad, no en teoría. Y sólo en esta libertad es posible aportar orden al mundo. Vamos, pues, a desenredar si es que podemos, la red que hemos tejido en torno a nosotros mismos, la cual impide la cooperación y nos divide; y produce tan intensa ansiedad, dolor y aislamiento.

Sería maravilloso que, al terminar estas reuniones, pudiéramos salir y decir. «Miren, lo he conseguido». No es que usted «posea» algo, sino que usted mismo vea que está libre por completo, que se ha convertido en un ser humano con vitalidad, energía, claridad e intensidad. Así, pues, esa es la cuestión Tal vez sea esto demasiado, pero a menos que lo logremos, traeremos al mundo mucha desdicha, y las guerras continuarán; de las cuales somos responsables –no los norteamericanos o los norvietnamitas–; todo ser humano es responsable. Y los que viven en este país, exento de peligros, son tambien responsables. Asimismo, todos lo somos por la división que continúa en el mundo, no sólo en lo ideológico, sino también en lo religioso. De modo que, por favor, si es posible, vamos a poner en esto nuestra mente y nuestro corazón. Hacerlo no requiere mucho esfuerzo intelectual. El intelecto nada ha resuelto. Puede inventar teorías, puede dar explicaciones, puede ver la fragmentación y crear más fragmentos. Pero siendo el intelecto un fragmento, no puede resolver todo el problema de la existencia humana. Tampoco pueden hacer nada el emocionalismo y el sentimentalismo: ambos son también la reacción de un fragmento.

Únicamente es posible actuar de manera completa, y no en fragmentos, cuando vemos todo el problema humano en su totalidad, no sólo los fragmentos. ¿Cuál es, pues, el problema? ¿En qué consiste el problema total, esencial del ser humano, que una vez comprendido, una vez visto (como vemos un árbol, una bella nube), nos permite resolver todos los demás fragmentos? Partiendo de ahí usted puede actuar. ¿Qué es, pues, esta percepción total, esta visión total? Yo pregunto y ustedes tienen que hallar la respuesta. Si aguardan a que yo dé la respuesta y la aceptan, entonces no será de ustedes; entonces yo me convierto en «autoridad», cosa que aborrezco. ¿Cuál es, pues, la respuesta de usted como ser humano que vive en este mundo, con toda la confusión, los disturbios, las revoluciones; con esta terrible división entre hombre y hombre; con una sociedad inmoral, con la inmoralidad religiosa de los sacerdotes? Cuando usted ve todo esto desplegado ante sus ojos, y ve la agonía del hombre, ¿cuál es su respuesta? ¿Cómo actúa según cada caso? O pertenece usted a una parte, a un fragmento y trata de reducir todos los fragmentos al suyo particular –cosa que evidentemente muestra mucha falta de madurez, de sentido–, o ve toda esta fragmentación y este mismo hecho de ver le da una percepción total. ¿Cuál es, pues, para usted el problema, la cuestión esencial, el reto único que, habiéndolo comprendido totalmente, disuelve todos los demás problemas, o le hace a usted capaz de comprenderlos o acometerlos?

Es muy interesante –¿no es así?–, que descubra usted mismo cuál es la cuestión esencial en la vida, no según la opinión del psicólogo, del filósofo, del teólogo, o de Krishnamurti, no de acuerdo con nadie, sino descubrirla usted mismo. ¿Cómo va usted a descubrirla? Puede ser que no haya pensado sobre ello. O si lo ha pensado, ¿cómo va a encontrar esa respuesta o cuestión esencial? ¿Va usted a preguntarle a otro? Claro que no, porque cuando usted mira en cualquier dirección, está mirando hacia la «autoridad». Lo que dice la «autoridad» no es real, a usted le interesa la más importante cuestión, y ésta tiene que descubrirla usted mismo. Si no busca a otro para que le ayude a descubrir cuál es la cuestión fundamental, verdadera, entonces, ¿qué hará usted? ¿Cómo la descubrirá? Por favor, este es un asunto muy serio.

Primeramente, ante todo, ¿se ha formulado alguna vez semejante pregunta? ¿Se ha preguntado uno a sí mismo si hay una cuestión esencial, en cuya comprensión está la respuesta de todas las demás cuestiones menores? Si usted no se la ha formulado, yo se la planteo. Si la escucha como espero que la esté escuchando, entonces ¿cómo va a descubrirla?

¿Cómo va a investigar? ¿Lo hará por medio del pensamiento, pensando mucho sobre ello, sobre cada problema, cada cuestión, cada fragmento; complicándose cada vez más, y luego llegando a una conclusión y diciendo: «Esta es la cuestión esencial»? ¿Le ayudará el pensamiento? ¿Le ayudará una indicación, por sutil que sea? Porque si se fía de ella, usted está perdido otra vez. De modo que el pensar sobre ello no da la respuesta, ¿verdad?

¿Cuál es la naturaleza del pensamiento? El pensamiento, como uno puede observar, surge de la memoria acumulada. Obsérvelo por usted mismo, por favor. El reto para usted es éste: ¿cuál es la cuestión esencial en la vida? El reto es nuevo, y si usted se enfrenta a él en términos del pensamiento, lo hace partiendo de los recuerdos acumulados y su respuesta vendrá de lo viejo. Esto está bastante claro, ¿no es así?

Si me aferro a mi hinduísmo con todas sus supersticiones, creencias, dogmas, tradiciones y toda esa tonteria y aparece ante mí algo nuevo, o surge un nuevo reto, sólo puedo responder partiendo de lo viejo. Por eso veo que la respuesta de lo viejo no es el camino hacia el descubrimiento. ¿Cierto? Por lo tanto, no dependeré del pensamiento, aunque sea el de la persona más erudita, ni del mío propio. De modo que desecho completamente (por favor, háganlo mientras hablamos) el uso del pensamiento para investigar. ¿Puede uno hacerlo? Parece fácil, pero, en realidad, ¿podemos hacerlo? Lo cual significa que aquí tenemos un reto totalmente nuevo. Lo miro con ojos nuevos, con claridad. El pensamiento, sin embargo, por muy maduro, astuto y libre que sea, no trae claridad. Veo así que el pensamiento no es el camino para descubrir lo esencial, de modo que no desempeña papel alguno en esta búsqueda, en esta investigación. ¿Puede usted experimentarlo? Significa que el pensamiento, que es viejo, que está interfiriendo de modo constante, ya no se impone ni domina. ¿Qué ocurre entonces? Por favor, observe esto usted mismo. Cuando usted ya no busca algo en términos de su condicionamiento, entonces ha negado –¿no lo ha hecho usted?– toda la carga del ayer.

Lo que trato de decir es en realidad muy sencillo. usted tiene que hallar una nueva manera de vivir, de actuar, para poder descubrir lo que significa el amor. Y para descubrir eso, no puede usar los viejos instrumentos que tenemos. El intelecto, las emociones, la tradición, el conocimiento acumulado: esos son los viejos instrumentos. Los hemos utilizado de manera interminable, sin que hayan producido un mundo diferente, un estado mental distinto; son completamente inútiles. Tienen su valor en ciertos niveles de la existencia, pero carecen de valor cuando estamos preguntando, cuando tratamos de descubrir una manera de vivir que sea del todo nueva. Para decirlo de otro modo: nuestra crisis no está en el mundo, sino en nuestra conciencia. No se trata de poner fin a una guerra o de reformar universidades o de dar más o menos trabajos, o más salario, etc.; a ese nivel no hay respuesta. Cualquier reforma trae más complicación. La crisis está en la mente misma, en la de usted en su conciencia, y a menos que usted responda a esa crisis, a ese reto, usted aumentará, de modo consciente o inconsciente, la confusión, la desdicha y la inmensidad del dolor.

Nuestra crisis está en la mente, en nuestra conciencia, y tenemos que responder a ella de manera total. ¿Cuál es la verdadera respuesta, la cuestión esencial? Es obvio, como hemos visto, que el pensamiento no puede ayudarnos en este caso; lo cual no quiere decir que lleguemos a ser personas irresolutas, que nos volvamos inconsistentes, somnolientos, embotados. Cuando usted ya no usa el pensamiento para descubrir por sí mismo cuál es la cuestión esencial en la vida, ¿qué ha ocurrido entonces en la mente? ¿Comprende mi pregunta? ¿Nos estamos comunicando uno con otro? Por favor, diga que sí o qué no. Para comunicarnos, para estar en comunión uno con otro, tenemos que hacerlo al mismo nivel, al mismo tiempo, y con la misma intensidad. Es como el amor, y si usted dice que sí, ello significa que ha desechado por ahora el pensamiento como instrumento para investigar. Entonces usted y el que habla están al mismo nivel; ambos investigamos intensamente, y usted no está esperando que sea yo quien se lo diga.

Cuando le dice a alguien «te amo», puede ser que lo diga de un modo casual y sin sentirlo realmente, o puede ser que usted lo diga con gran intensidad y con un sentimiento profundo y urgente, mientras que la otra persona se queda indiferente o se pone a mirar en otra dirección; en ambos casos la comunión entre ambos deja de existir. La comunión solamente es posible cuando ambos ponen toda su intensidad, no de un modo casual o con reservas. Como usted sabe, cuando usted y el otro son generosos –¿comprende?– se produce en efecto una intensidad extraordinaria; dador y receptor dejan de existir.

Así, pues, ¿qué creen ustedes? ¿qué sienten? ¿cómo perciben lo que es la cuestión esencial en la vida?

¿Vamos a dejar esta cuestión hasta el martes por la mañana? ¿Quieren algún tiempo para pensar sobre el asunto, para discutirlo con otras personas, para sentarse bajo un árbol o en su habitación, y dejar que venga a ustedes la respuesta? Si esperan a que el tiempo les ayude, el tiempo no va a ayudarles. El tiempo es la cosa más destructiva.

Interlocutor: Usted dijo que el pensamiento es producto de la memoria. Ahora me doy cuenta de que la mayoría de mis pensamientos están muy condicionados, pero no estoy muy seguro de que no sea posible que otro pensamiento no esté condicionado por la memoria.

K.: ¿Hay algún pensamiento que no esté condicionado? ¿Lo hay? O es que todo pensamiento lo está? Evidentemente, todo pensamiento es la respuesta de la memoria, la respuesta de la experiencia, la tradición y el conocimiento acumulados.

¿Cuál cree usted que es la cuestión esencial en la vida? Vamos a hablar de ello unos minutos.

Intertocutor: Crear armonía.

K.: ¿Dónde? ¿Internamente, externamente o en ambos niveles? ¿Cómo se puede crear armonía fuera de uno mismo si no se es armónico internamente? La armonía interior es lo primero, no la exterior. ¿Es esa la cuestión esencial? ¿O podría ser que la armonía fuera un resultado y no un fin en sí mismo? Existe, sobreviene. Es como estar muy saludable y salir a dar un paseo. Pero el buscar la armonía como un fin en ella misma... ¿es eso posible? Tiene uno que hallarla internamente. Para lograrlo tiene que haber una investigación tremenda dentro de sí: ver las contradicciones, los esfuerzos, la disciplina, todo lo que entraña el problema. ¿Es esa la cuestión esencial? Dice usted que la cuestión esencial puede ser la armonía, pero puede ser el placer. Por favor, escuche lo que acabamos de decir. Hemos dicho que la cuestión esencial, para la mayoría de las personas, puede ser la urgencia de placer, su continuidad y reforzamiento. El placer que se deriva de la seguridad, de la experiencia sexual, es deliberado, no una cosa en sí misma. No sé si está siguiendo la discusión. Saco placer de algo: el hacerlo me da placer. Por eso es importante el acto del cual derivo placer: este no es un fin en sí mismo, sino que resulta de algún acto. De modo que ¿es ese el reto? ¿es esa la cuestion esencial?

Por favor, mire el mundo. mire todas las cosas que están sucediendo: el extraordinario progreso técnico, las guerras, la sociedad opulenta y la pobreza, una nación luchando contra otra por su seguridad, por su gloria, etc. Todo eso es lo que esta pasando, está ahí, ante usted. Si lo mira de modo objetivo, como miraría un mapa, tendría la respuesta, que es: mirar.

Interlocultor: El reto o la cuestión esencial es la responsabilidad de la relación.

K.: La responsabilidad de la relación. ¿Es eso?

Interlocultor: Sólo es parte de ello.

K.: Sí, también es un fragmento. La relación: ¿Qué significa estar relacionado con personas, con individuos; estar relacionado con el mundo, con la naturaleza, con todo lo que está ocurriendo? ¿Cómo puede uno estar relacionado, no simplemente con su esposa o marido, sino con todo lo que acontece en el mundo? ¿Cómo es eso posible si usted está aislado, si todo su pensamiento, su actividad, su ocupación, sus palabras, le están aislando, que es como decir «Yo primero, y al diablo con todos los demás»?

Tenemos que detenernos por hoy, pero les ruego que no olviden esta cuestión. Pongan su mente y corazón en ver el mundo como es, no como creen que debería ser, sino como es en realidad. Cuando ustedes lo vean claramente, el mismo acto de ver puede darles la respuesta.

CAPÍTULO 2

El problema total y esencial del hombre. La libertad. El condicionamiento y las diferencias ideológicas. Los sistemas, métodos o disciplinas. La autoridad.

Es importante saber lo que es la cooperación, y cuándo cooperar, o cuándo no hacerlo. Para conocer el estado de la mente que no quiere cooperar, tiene uno que aprender también lo que significa cooperar; ambas cosas son importantes. Seguramente la mayor parte de nosotros cooperamos cuando tenemos un interés personal, cuando vemos provecho, placer o ganancia en hacerlo. Entonces sí cooperamos generalmente; ponemos en ello nuestro corazón y nuestro entendimiento. Nos entregamos a un compromiso, a algo en que creemos; con esa autoridad, con ese ideal cooperamos en efecto. Pero también, es muy importante aprender cuándo no cooperar. Muchos no estamos dispuestos a averiguar lo que es no cooperar, cuando estamos en actitud de cooperar. Ambas cosas van juntas realmente.

Es importante saber que si cooperamos con una idea, con una persona, si adoptamos una actitud hacia aquello con que cooperamos, entonces cesa la cooperación. Cuando termina el interés por esa idea;, por esa autoridad, rompemos con ella; y entonces tratamos de cooperar con otra idea o autoridad. Todo eso, seguramente, se basa en el propio interés y cuando esa cooperación que es interés propio ya no trae ganancia, beneficio o placer, entonces dejamos de cooperar.

Saber cuándo no cooperar es tan importante como saber cuándo hacerlo. La cooperación tiene realmente que surgir de una dimensión del todo distinta. De este asunto vamos a hablar luego.

Preguntábamos, cuando nos reunimos la última vez: «¿Cuál es la cuestión esencial en la vida?». No sé si ustedes han examinado esto, y si han pensado sobre ello. Pero, ¿cuál creen ustedes que es el problema central en la vida humana, tal como se vive en este mundo, con todo este desorden, el caos, la desdicha, la confusión; con personas que tratan de dominarse unas a otras, etc.? Yo me pregunto cuál es para ustedes la cuestión central, o el único reto, al que se ha de responder cuando uno ve realmente lo que está pasando por todo el mundo: el conflicto de varias clases, el conflicto estudiantil y político, las divisiones entre hombre y hombre, las diferencias ideológicas por las cuales estamos dispuestos a matarnos unos a otros, las religiosas, que engendran la intolerancia; las diversas formas de brutalidad, etc. Viendo todo eso desplegado ante nosotros, en realidad, no en teoría, ¿cuál es la cuestión central?

El que habla va a señalar cuál es la cuestión central. Y les ruego que no muestren asentimiento ni disconformidad con lo que diga. Examínenlo, mírenlo, vean si es verdad o falso. Para descubrir lo que es verdadero, uno tiene que mirar objetivamente, con rigor, y también con penetración. Tiene uno que mirarlo con el interés personal que se concede cuando está uno pasando por una crisis en su vida, cuando todo el ser se enfrenta a un reto. La cuestión central es la completa y absoluta libertad del hombre, primero en el aspecto psicológico o interno, y luego en el externo. No hay división alguna entre lo interno y lo externo, pero para verlo claramente uno tiene que comprender primero la libertad interna. Tenemos que descubrir si de alguna manera es posible vivir en este mundo en libertad psicológica, sin retirarse neuróticamente a algún monasterio, ni apartarse en una torre aislada de la propia imaginación. Viviendo en este mundo, ese es el único reto que uno tiene: la libertad. Si no hay libertad interior, entonces empieza el caos y surgen los innumerables conflictos psicológicos, las oposiciones e indecisiones, la falta de claridad y de penetración profunda que, evidentemente, se expresan en lo exterior. ¿Puede uno vivir en este mundo libremente, sin pertenecer a ningún partido político, ni al comunismo ni al capitalismo; sin pertenecer a ninguna religión: sin aceptar ninguna autoridad exteriormente? Uno tiene que acatar las leyes del país (seguir hacia la derecha o hacia la izquierda al conducir) pero la decisión de obedecer. de consentir, viene de la libertad interna; la aceptación de los requerimientos del mundo exterior, de la ley externa, es la aceptación que brota de una libertad interna. Esa es la cuestión central, no otra.

Nosotros, los seres humanos, no somos libres, estamos fuertemente condicionados por la cultura en que vivimos, por el ambiente social, la religion, los intereses creados del ejército o de la política, o por el compromiso ideológico al que nos hemos entregado. Así condicionados, somos agresivos. Los sociólogos, los antropólogos y los economistas explican esta agresión. Hay dos teorias: o ha heredado usted del animal este espíritu agresivo, o bien la sociedad que cada ser humuno ha contribuido a establecer, le impele, le obliga, le fuerza a ser agresivo. Pero el hecho es más importante que la teoria. No importa si la agresión viene del animal o de la sociedad. Somos agresivos, brutales; no somos capaces de mirar y examinar imparcialmente las sugerencias, el punto de vista o el pensamiento de otro.

Como estamos condicionados, la vida se vuelve fragmentaria. La vida, que es el vivir diario, los pensamientos cotidianos, las aspiraciones, el sentido de superación –cosa tan fea– todo eso es fragmentario. Este condicionamiento convierte a cada uno en un ser humano egocéntrico, que lucha por su «yo», ,por su familia, por su nación, por su creencia. Y, por lo tanto, surgen las diferencias ideológicas. Usted es cristiano, y otro es musulmán o hindú. Ambos pueden tolerarse mutuamente, pero en lo fundamental, internamente, hay honda división y menosprecio, uno de los dos se siente superior, y todo lo demás. Así, este condicionamiento, no sólo nos vuelve egocéntricos, sino que. además, en ese egocentrismo está el proceso de aislamiento, de separación, de división, y esto hace que nos sea imposible cooperar del todo.

Uno se pregunta: ¿Es posible ser libre? ¿Es posible que nosotros, tal como somos, seres condicionados, moldeados por toda clase de influencias –por la propaganda, por los libros que leemos, el cine, la radio, las revistas, todos haciendo impacto en la mente, moldeándola– vivamos en este mundo completamente libres, no sólo de manera consciente, sino en las raíces mismas de nuestro ser? Ese, me parece. es el reto. el único problema. Porque si no se es libre, no hay amor; hay celos, ansiedad, miedo, predominio, la búsqueda del placer sexual o de otra índole. Si no se es libre, no se puede ver claramente y no hay sentido de la belleza. Esto no es mera argumentación para sostener una teoría de que el hombre tiene que ser libre; una teoría así se convierte también en una ideología que igualmente dividirá a las personas. De manera que si para ustedes esa es la cuestion básica, el principal reto de la vida, no se trata entonces de si usted es feliz o desgraciado –eso se vuelve secundario– de si puede usted vivir en armonía con otros o de si sus creencias y opiniones son más importantes que las del otro. Todas esas cuestiones secundarias serán contestadas si esa cuestión central es comprendida y resuelta completamente, profundamente. Si usted en realidad cree que ese es el reto único en la vida: ver los hechos reales que están a nuestro alrededor y los que están dentro de nosotros; ver lo estrechos de mente, mezquinos y pequeños que somos; cómo estamos llenos de ansiedad, de culpabilidad y temor; si ve que el depender de las ideas, opiniones y juicios de otras personas, que el rendir culto a la opinión pública, el tener héroes y modelos, crea fragmentación y división; si usted mismo ha visto muy claramente todo el mapa de la existencia humana, con sus nacionalidades y guerras, las divisiones de dioses, sacerdotes e ideologías, el conflicto, la desdicha y el dolor; si usted mismo ve todo esto, no por información de otro, no como una idea, ni como algo a que debe aspirar, entonces hay en usted un completo sentido interno de libertad; entonces no hay miedo a la muerte: entonces usted y el que habla estamos en comunión; usted y el que habla podemos comunicarnos. ¿Es eso en verdad posible?

Podemos entonces penetrar en el problema paso a paso. Pero si para usted ese no es el interés principal, si ese no es el reto principal, y se pregunta si es posible que un ser humano encuentre a Dios, la Verdad, el Amor y todo lo demás, no es usted libre. ¿Cómo puede entonces encontrar algo, cómo puede explorar, hacer un viaje, si lleva toda esa carga, todo ese temor que ha acumulado generación tras generación? Ese es el único problema: si es posible que los seres humanos, usted y yo, seamos realmente libres.

Tal vez usted diga que no podemos estar libres del dolor físico. Casi todos hemos tenido algún dolor físico de una u otra clase, y si usted es realmente libre, sabrá cómo tratar ese dolor. Pero si está asustado, si no es libre, entonces la enfermedad se convierte en una espantosa carga. De modo que si usted y el que habla ven esto claramente, sin que el expositor le imponga sus ideas o influya en usted, o que por motivo del énfasis de sus palabras usted lo siga de modo consciente o inconsciente, entonces habrá comunicación entre ambos. Por favor, vea la importancia de esto. Si también ve la verdad de ello, entonces usted y yo juntos podemos descubrir si es de algún modo posible llegar a ser libres totalmente, por completo. ¿Podemos partir de este punto? Mientras empezamos a examinar y comprender la cuestión, se irán aclarando sus enormes implicaciones y la naturaleza y cualidad de la misma. Pero si usted dice: «No es posible» o «es posible», entonces ha dejado usted de inquirir, ha perdido el sentido de la dirección que le conduce a ver el problema. De manera que, si me permite indicarlo, no se diga a usted mismo que es o que no es posible. Hay intelectuales y otras personas que dicen: «No es posible; por lo tanto, condicionemos mejor la mente; reeduquémosla primero y luego hagámosla cumplir, obedecer, seguir, aceptar, tanto en lo exterior, técnicamente, como en lo interior, para seguir la autoridad del Estado, del gurú, del sacerdote, del ideal», etc. Y si dicen «es posible», entonces se trata sólo de una idea, no de un hecho real. La mayoría de nosotros vivimos en un mundo de vacio, irreal, ideológico. Un hombre dispuesto a penetrar en el problema de manera profunda, ha de ser libre para observar, ha de librarse de afirmar qué es o qué no es posible. De modo que, para examinar esta cuestión, *empecemos por la libertad; la libertad no está al final.*

Este es el problema: si es posible que un ser humano, usted, un individuo, aún viviendo en este mundo, yendo a la oficina o atendiendo la casa, teniendo niños, viviendo en esta sociedad tan compleja, o conviviendo en íntima relación con otro, si es posible que sea libre. ¿Es posible que un hombre viva con una mujer, en una relación de completa libertad, en que no haya autoridad, celos, obediencia y, por lo tanto, una relación en que quizás haya amor? Bien, ¿es esto posible?

Si no hay libertad, ¿cómo podemos ver claramente cualquier cosa: los árboles y las estrellas, el mundo y la sociedad que el hombre ha creado, ese mundo que es usted mismo? Si al acercarse a lo que desea lo mira con una idea, una ideología, con miedo, esperanza o ansiedad, con sentimiento de culpabilidad y el resto de toda esta agonía, es evidente que no podrá ver.

Si usted ve, lo mismo que el que habla, la importancia de ser libre por completo: libre de temor, de celos, de ansiedad, del miedo a la muerte y del miedo a no ser amado, del temor a la soledad y del temor de no tener éxito, de no ser famoso, de no triunfar, ya saben ustedes, de todos los temores; si para usted ésta es la cuestión central, entonces podemos partir de ahí. La libertad completa es lo fundamental en la existencia humana, porque el hombre ha buscado la libertad desde el principio mismo del tiempo, pero ha dicho: «Hay libertad en el cielo, no en la tierra». Cada grupo, cada comunidad, tiene una idea diferente de la libertad. Descartando, dejando a un lado todo eso, preguntamos si viviendo aquí, ahora, es posible ser libre. Si usted y yo vemos este factor común como único reto en la vida, entonces podemos empezar a descubrir por nosotros mismos la manera de abordarlo, de observarlo, de llegar hasta él. ¿Vamos a partir de ahí?

En primer lugar, ¿es que hay un sistema? Por favor, reflexionemos sobre esto juntos. ¿Existe un sistema, un método? Todo el mundo dice que lo hay. «Haga esto, haga aquello, siga a este gurú, siga este sendero, medite de esta manera», dicen. Usted sigue un sistema, para ir creando gradualmente, paso a paso, un molde al que usted se ajusta, con la esperanza de alcanzar esta extraordinaria libertad que todos prometen. Eso es, pues, lo primero que tiene uno que investigar, no verbalmente, sino en la acción, de modo que si no es un hecho real, los destruirá usted, y nunca, bajo ninguna circunstancia, aceptará un sistema, un método, una disciplina. Por favor, vea la importancia de las palabras que estamos usando. Un sistema implica la aceptación de una autoridad que le da a usted el sistema. Y seguir ese sistema implica disciplina, hacer la misma cosa repetidamente, reprimiendo los propios requerimientos y respuestas a fin de ser libre.

¿Hay verdad en toda esta idea de un sistema? Siga esto con cuidado tanto internamente como en lo externo. El comunista promete una utopía y el gurú, el instructor, el salvador dice: «Haz esto». Vea las implicaciones en ello. No queremos hacer esto demasiado complejo al principio; llegará a ser muy complejo a medida que avancemos. Pero si se acepta un sistema, tanto en la escuela, en política o internamente, entonces no se aprende, no hay comunicación directa entre el maestro y el estudiante. Por otro lado, cuando no hay distancia entre el profesor y su alumno, entonces ambos están examinando, discutiendo, y hay libertad para observar y aprender.

Si usted acepta un régimen rígido, establecido por algún infortunado gurú –y éstos son muy populares en el mundo– y usted lo sigue, ¿qué es lo que ha pasado realmente? Usted se está destruyendo para alcanzar la libertad prometida por otro, entregándose a algo que puede ser falso por completo, demasiado estúpido, sin que tenga realidad alguna en sí. Por lo tanto, uno tiene que ver muy claro esto, desde el principio. Si lo ve muy claro, ya lo ha descartado por completo y nunca volverá a ello. Comprende que entonces ya no pertenece a ninguna nación, ideología, religión, partido político: todas esas cosas se basan en fórmulas, ideologías y sistemas que prometen algo. Ningún sistema en el mundo exterior va a ayudar al hombre: al contrario, van a dividirlo. Esto es lo que siempre ha estado pasando en todas partes. Además, aceptar internamente a otro como autoridad, aceptar la autoridad de un sistema, es vivir en aislamiento, separado de los demás. Por consiguiente, no hay libertad.

Así, pues, ¿cómo comprende y obtiene uno la libertad de manera natural? Porque esta no es una cosa que usted busca a tientas, a la cual se aferra o que cultiva. Lo que se cultiva es algo artificial. Si ve la verdad de esto, entonces para usted no tienen valor en absoluto ninguno de los sistemas y métodos de meditación. Y así habrá destruido usted uno de los mayores factores de condicionamiento. Cuando vea la verdad de que ningún sistema jamás ayudará al hombre a ser libre, cuando vea la verdad de ello, ya estará libre de esa enorme falsedad.

¿Está usted libre de ella ahora, no mañana, no en días venideros, sino realmente ahora? No podemos avanzar más hasta que cada uno de nosotros comprenda esto, no en lo abstracto, no como una idea, sino que vea en efecto el hecho en sí, porque cuando uno ve el hecho de que esta falsedad no tiene valor, ésta se desvanece, llega a su fin. ¿Podemos discutir este asunto no con argumentos a favor o en contra del mismo, sino mirarlo efectivamente, examinarlo, hablar de ello juntos, como dos amigos, para descubrir si es real?

¿Comprende usted lo que estamos haciendo? Estamos viendo los factores del condicionamiento.

Estamos viéndolos, nó haciendo algo en relación con ellos. El verlos constituye el hecho en sí. ¿No es cierto? Si veo un abismo, actúo; surge la acción inmediata, Si veo algo que es venenoso, no lo tomo; para mí ha terminado: la no acción es instantánea. Vemos, pues, el hecho de que uno de los grandes factores condicionantes es esta aceptación de sistemas, con toda la autoridad, con todas las sutiles gradaciones involucradas en los mismos. ¿Podemos discutirlo? ¿O el que habla les ha abrumado? Espero que no.

Interlocutor: Es muy fácil seguirle a usted verbalmente, en las palabras; en las ideas, no es muy difícil...

K.: ...Pero desembarazarse realmente de la aceptación de sistemas, es cuestión muy distinta, ¿no es cierto? ¿Qué quiere usted decir cuando afirma: «Le sigo a usted verbalmente, claramente»? ¿Quiere decir: «Comprendemos las palabras que usted dice, oímos las palabras y nada más»? ¿Qué quiere decir eso? Usted escucha las palabras y es evidente que puede escuchar algunas que carecen de todo sentido. La pregunta es: ¿Cómo es posible escuchar las palabras de manera que, al mismo tiempo, el propio escuchar sea la acción? Alguien dice: «Comprendo intelectualmente eso de que usted habla, las palabras son claras, tal vez el razonamiento es bastante bueno, un tanto lógico, etc., etc. Comprendo todo eso intelectualmente, pero la acción efectiva no se realiza. No estoy libre por completo de aceptar sistemas», Ahora bien, ¿cómo se va a salvar esta separación entre el intelecto y la acción? ¿Está eso claro? Por las palabras. intelectualmente, comprendo lo que usted ha dicho en la mañana de hoy, pero no existe una libertad real derivada de esa comprensión; ¿cómo se va a convertir en acción instantáneamente este concepto intelectual? Pero, ¿por qué creemos comprender intelectualmente? ¿Por qué ponemos ante todo la comprensión intelectual? ¿Por qué prevalece ésta? ¿Entiende usted mi pregunta? Estoy seguro de que todos creen comprender intelectualmente, muy bien, lo que está explicando el que habla, y entonces usted se dice a sí mismo: «¿Cómo voy a poner eso en acción?» De modo que la comprensión es una cosa, y la acción otra; luego, estamos pugnando por tender un puente entre ambas. Pero, ¿es que existe siquiera la comprensión intelectual? Puede que ello sea una falsa afirmación que se convierte en un bloque mental, en un impedimento. Mire usted, vea, observe con cuidado porque esto se convierte en un sistema –¿entiende?–. El sistema que todos usan: «Intelectualmente comprendo». Y puede ser falso por completo.

Todo lo que queremos decir es: «Oigo lo que usted está hablando», oigo las vibraciones de esas palabras pasar por mis oídos. Y eso es todo. No ocurre nada. Es como un hombre o una mujer que tiene mucho dinero y oye la palabra «generosidad», percibe vagamente la belleza de ésta, pero vuelve a la avaricia, a la falta de generosidad. No digamos, pues, «comprendo»; no nos permitamos afirmar: «He captado lo que usted dice», cuando simplemente hemos oído muchas palabras. La pregunta es entonces: ¿Por qué no ve usted la verdad de que ningún sistema, exterior o interno, va a traer la libertad, va a librar al hombre de su desdicha? ¿Por qué no ve usted esta verdad instantáneamente? Ese es el problema, y no el de cómo tender un puente para salvar la distancia entre estos dos hechos: el de captar intelectualmente algo y el ponerlo en acción. ¿Por qué no ve la completa verdad en todo esto? ¿Qué le impide verla?

Interlocutor: Creemos en el sistema.

K.: Creemos en el sistema. ¿Por qué? Ese es su condicionamiento. Su condicionamiento está dictando constantemente; le impide ver la verdad de uno de los factores más grandes en la vida que llevan al hombre a aceptar el sistema; el que establece. por ejemplo, la diferencia de clases, la guerra, o el que promete la paz, que a su vez es destruida por la nacionalidad, que es otro sistema. ¿Por qué no vemos esta verdad? ¿Es porque tenemos intereses creados en el sistema? Es que si viéramos esta verdad, podríamos perder dinero, podríamos no conseguir un empleo, estaríamos solos en un mundo monstruosamente feo. De modo que, consciente o inconscientemente, decimos: «Comprendo muy bien eso de que habla usted, pero no puedo ponerlo en acción. Adiós». Y así termina todo –lo cual sería más honrado.

Interlocutor: Señor, para que nos comuniquemos con usted o con los otros tenemos que estar en movimiento, y el movimiento requiere energía. La pregunta es: ¿por qué ocurre que a veces podemos producir esta energía y a veces no?

K.: Bueno, mientras escuchamos esta pregunta, ¿por qué no ve usted la verdad del hecho de que los sistemas nos destruyen y nos dividen? Para verla usted necesita energía. ¿Por qué no tiene la energía para verla ahora, no mañana? ¿Es que no tiene la energía para verla ahora porque está asustado? ¿No es que inconscientemente, muy adentro de usted mismo, pone usted resistencia porque tendría que renunciar a su gurú, a su nacionalidad, a su particular ideología, etc., etc.? Por eso dice: «Comprendo intelectualmente».

Interlocutor: El sistema le impide a uno ver la verdad del asunto.

K.: Lo cual es cierto. El sistema le educa a usted, afirma su personalidad, le da una posición, por consiguiente, usted no pone en tela de juicio el sistema, externa ni internamente. Un comunista bien establecido en el campo del comunismo, no pondrá en duda el sistema, porque en el mismo acto de hacerlo, éste se destruiría. Para él la tiranía es importante, tanto interna como externamente. Pero esa no es nuestra pregunta.

¿Por qué, mientras está usted escuchando, no tiene energía para observar? A fin de tener la energía necesaria para observar, ha de estar atento, ha de poner su mente y corazón en la observación. ¿Por qué no lo hace?

Interlocutor: ¿Qué le dice usted al hombre que teme observar?

K.: Es evidente que no puede usted forzarlo a observar. No puede engatusarlo, no puede prometerle que si observa. conseguirá algo. Usted puede decirle:

«No se moleste en observar, pero dése cuenta de su miedo». «No se moleste en ver este factor de los sistemas que se han desarrollado al correr de los siglos, pero dése cuenta de su propio temor». Pero él puede muy bien decir: «No deseo ni siquiera darme cuenta, no quiero ni aún tocarlo, acercarme a él». Entonces usted no puede ayudarle porque él mismo se inhibe de observar, –pues cree que si observa perderá su familia, su dinero, su posición, su empleo todo lo demás– lo que significa que perderá su seguridad. Teme perder la seguridad. Pero mire usted lo que está sucediendo, porque todo ello no es más que una idea.

¿Me entiende? Puede ser que nunca pierda su seguridad, puede ocurrir alguna otra cosa.

El pensamiento le dice: «Cuidado, no observe». El pensamiento crea el miedo. Le impide observar diciendo: «Si efectivamente observa, puede crear una gran confusión en su vida. ¡Como si no estuviera ya viviendo en confusión! De modo que el pensamiento crea el temor e impide ver la verdad de que ningún sistema en la tierra de Dios, en el mundo de cualquier gurú, salvador o «comisario», lo va a liberar a usted.

Interlocutor: Tal vez una persona no pueda darse cuenta del temor porque no sabe lo que es.

K.: ¡Ah! bien, si no sabe lo que es el temor, no hay problema. Entonces usted está libre. Aún las pobrecitas aves están asustadas.

El hecho de que el hombre haya aceptado los sistemas como inevitables, es uno de los mayores impedimentos de la mente humana. Estos sistemas han sido creados por el hombre en su búsqueda de seguridad. La búsqueda de seguridad por medio de sistemas está destruyendo al hombre, cosa evidente cuando uno ve lo que pasa en el mundo exterior, y lo mismo ocurre internamente; mi gurú, el de usted, mi verdad y la de usted, mi sendero y el suyo, mi familia y la suya.

Todo esto está impidiendo que el hombre sea libre. Ahora bien, el ser libre da a la vida un sentido totalmente distinto. El sexo puede tener un significado del todo diferente. Entonces habrá paz en el mundo, y no esta división entre hombre y hombre. Más usted ha de tener la energía para ver, lo que significa observar con todo su corazón y su mente, no observar con palabras, con los ojos llenos de miedo.

CAPÍTULO 3

Los sistemas. Los hábitos. La tradición. El condicionamiento. La seguridad. El observador y lo observado. La mente condicionada.

Vivimos en un mundo que está por completo roto y fragmentado, un mundo en que hay una constante lucha de un grupo contra otro, de una clase, una nación, una ideología contra otra, etc. Tecnológicamente ha habido un gran adelanto, pero hay ahora más fragmentación que nunca. Cuando uno observa de hecho lo que está sucediendo, ve que es absolutamente indispensable que el hombre, es decir, cada uno de nosotros, aprenda a cooperar. No hay nada en que nos sea posible trabajar juntos, no importa que sea a favor de la nueva escuela o de la relación de uno con otro o para terminar con las monstruosas guerras que han proseguido, si cada individuo, si cada ser humano se está aislando en una ideología, con su vida fundamentada en un principio, una disciplina, una técnica, una creencia, un dogma. Con una base como esa, no puede haber cooperación. Esto me parece obvio en grado tal que no necesitamos discutirlo. Y estábamos examinando el problema de si es absolutamente posible destruir todos estos valores que uno ha establecido deliberadamente contra otros: si es del todo posible que el hombre sea libre.

Decíamos que la libertad, tanto en lo externo como en lo interno, no puede ser producto de ningún sistema, lo mismo si es político que económico, comunista o capitalista, ni de ninguna religión organizada, ni del acto de seguir a determinado grupito separado de los demás. Examinamos eso lo suficiente el otro día; dijimos además que a la libertad no se llega por ninguna filosofía, por ninguna teoría intelectual. Vamos, pues, a examinar esta mañana la posibilidad de que cada uno de nosotros se libre realmente de cualquier sistema o método. Es una de las cosas más complejas de comprender.

Cuando hablamos de sistemas, no nos referimos sólo a seguir externamente una creencia, un gurú, un instructor, una particular religión organizada, etc.; sino también el hecho de seguir un hábito mental, de vivir según cierta creencia, dogma o principio. Todo ello forma una clase de sistema. Uno tiene que preguntar por qué el hombre insiste en seguir un sistema. En primer lugar, por qué usted y yo queremos un sistema internamente; y, en segundo lugar por qué también queremos uno externamente, ¿Por qué quiere usted un sistema, siendo el sistema una tradición, una disciplina, un hábito, una serie de rutinas que la mente sigue? ¿Por qué? Si desechamos una serie de rutinas entonces seguimos otra.

Decíamos que la paz, el amor o la belleza no son posibles si no hay libertad completa. Decíamos que, evidentemente, no es posible ser libres totalmente, completamente, si en nuestro interior, psicológicamente, seguimos un método, un sistema o un hábito particular que hemos cultivado acaso durante muchos años o muchas generaciones, hábito que se ha convertido en tradición. ¿Por qué hacemos esto? Espero que mi pregunta esté clara. La tradición puede ser de ayer o de hace mil años. Es una tradición creer que *usted es* católico o protestante. Se trata de un sistema cuando dice «*soy* francés» o usted pertenece a un grupo determinado o piensa con arreglo a una cultura determinada. ¿Por qué hacemos esto? ¿Es que la mente está buscando seguridad, tratando de estar a salvo, segura? ¿Puede alguna vez ser libre una mente que de manera constante busca psicológicamente seguridad para sí misma? Y si no es libre, ¿puede alguna vez ver la verdad? ¿Puede alguna vez ver lo verdadero por medio de un sistema o tradición que le promete eventualmente la belleza, un estado de mente indescriptible?

Por favor, pensemos de nuevo en esto, más bien examinémoslo. Si se me permite sugerirlo, no escuchen simplemente un número de palabras. Decir «Intelectualmente comprendo» es una afirmación tan falsa... Cuando decimos que entendemos intelectualmente, queremos decir que oímos muchas palabras cuyo sentido comprendemos. Pero comprender significa también acción inmediata; no es que primero hay comprensión y más tarde, acaso muchos días después, viene la acción. Usted ve el significado de este problema particular; ve que no es posible que exista la libertad cuando se persigue algo o cuando se acepta u obedece cualquier ideología o tradición determinada.

Si usted ve esto en realidad, no verbalmente, entonces hay acción, y lo abandona de inmediato. Pero, decir «comprendo verbalmente eso de que usted está hablando», es simplemente eludir el hecho real.

¿Por qué, psicológicamente, queremos seguridad? Tiene que haber seguridad material: alimentos, ropas y albergue. Eso es obvio. Pero, ¿por qué la mente busca certeza, exige una estructura que se convierta en sistema que le dé seguridad? ¿Por qué? ¿Y por qué insiste constantemente en su propia seguridad, en su propia protección. en su propia certidumbre? ¿Puede jamás ser libre una mente que psicológicamente esté segura de algo? Lo cual no significa que la mente haya de estar siempre en un estado de incertidumbre. Esto suscita un problema de dualidad. El conflicto, en cualquier forma que sea, es un derroche de energía. Cuando hay dualidad, hay conflicto, y éste en esencia es un completo desperdicio de energía. Cuando la mente busca certeza, tiene que crear inevitablemente el propio opuesto de ésta. Cuando mi mente está buscando con insistencia un estado en el que no haya trastorno, perturbación, conflicto, tiene que huir de modo inevitable hacia lo opuesto, hacia el trastorno, la perturbación y el conflicto. Surge la incertidumbre y la urgencia de certeza. Hay conflicto entre ambas cosas, y este conflicto en que estamos presos la mayoría de nosotros es un desgaste de energía. ¿Por qué, pues busca certeza la mente?

(Ruido de un avión en lo alto).

Ustedes han oído cómo pasaba volando ese avión. Hacía mucho ruido. Antes de eso ustedes prestaban atención y tal vez deseaban que el avión no hubiera venido de manera alguna. ¿Cierto? Ustedes crean, pues, un opuesto, hacen resistencia al ruido, cosa que gasta energía inútilmente. Pero, si hubieran escuchado ese ruido sin hacer resistencia, es decir, si le hubieran prestado toda su atención, no les habría afectado nada, no habría habido ruido en conflicto con un estado en que no existe el ruido. (Me pregunto si ustedes están entendiendo todo esto).

Nos preguntamos por qué ocurre que la mente siempre busca una imagen, una fórmula, confiando en un estado de certeza que llega a ser el sistema. Aunque la mente busque constantemente protección, una sensación de seguridad y permanencia, nunca preguntamos si es que existe del todo semejante estado. Lo deseamos. Lo exigimos, pero ¿existe tal estado? Deseo una relación permanente con mi amigo, con mi esposa; y la urgencia de tal relación permanente es el sistema, la tradición, la estructura que va a establecer un sentido de permanencia en esa relación.

Por eso me pregunto: ¿Por qué no puede la mente vivir libre? ¿Por qué se aferra a fórmulas y sistemas? Es obvio que tiene miedo y que desea alguna imagen, algún símbolo, fórmula o sistema en los que pueda apoyarse. (Por favor, obsérvelo en usted mismo). Y cuando se agarra a algo en forma desesperada, no sólo teme perderlo, sino que ese mismo hecho de aferrarse a algo. ese miedo mismo de perderlo, está creando el propio opuesto de ello. Hay lucha entre el deseo de certeza y el miedo de no estar seguro. Y prosigue una batalla.

La mente puede inquirir si hay en la vida permanencia psicológica; puede tratar de descubrir si de algún modo es posible tal estado. ¿O no puede ser que descubra que la vida es un constante movimiento, un estado en que siempre está ocurriendo lo nuevo? Pero la mente no puede ver lo nuevo, porque constantemente está viviendo en el pasado. El pasado, que es el sistema. Cuando usted dice. «soy cristiano» o «soy hindú», el que habla es el pasado y usted no puede ver nada nuevo. Y la vida puede ser algo extraordinario en su movimiento mismo, precisamente ese movimiento que es lo nuevo y que nosotros rechazamos. Este movimiento es la libertad.

Sólo hay una cuestión, una crisis o reto para el hombre, que consiste en que tiene que ser completamente libre. Mientras la mente se aferre a una estructura, a un método, a un sistema, no habrá libertad. ¿Puede abandonarse por completo esta estructura, inmediatamente? (¿Entienden ustedes la pregunta?) El condicionamiento de la mente, que ha continuado durante muchos años o siglos, ese mismo condicionamiento es el sistema, la tradición, el hábito, etc. Mientras la mente esté cautiva en todo eso, nunca podrá ser libre. Y esta libertad no está al final; no es una cuestión de liberarse con el tiempo; no existe eso de liberarse «eventualmente», es decir, «llegar a ser» libre mediante una disciplina, una fórmula. La fórmula o el sistema sólo sirve para reformar el condicionamiento aunque de maneras distintas y no hay libertad. La pregunta es, por lo tanto: ¿Es posible que una mente condicionada en forma tan excesiva quede libre por completo de este condicionamiento, inmediatamente? Porque, en caso contrario, tal condicionamiento persistirá de diversas maneras. ¿Podemos seguir adelante partiendo de este punto?

Uno nace dentro de la doctrina cristiana, la católica, o bien pertenece a una de las muchas ramas del protestantismo. Está condicionado desde la infancia, creyendo en un Salvador, en sacerdotes,en rituales, en un solo Dios –ya se sabe– en todas estas cosas. O usted es comunista, criado en el comunismo, condicionado por lo que dijeron Lenin o Marx. Por cierto que me estaba riendo solo al ver con qué facilidad quedamos presos en las palabras. El comunista sustituye la palabra «Jesús» y su filosofía por la pa]abra «Lenin» y la filosofía de éste. Muy fácilmente quedamos cogidos en una red de palabras. Estamos condicionados. y el reto, la crisis en la totalidad de la conciencia, es que el hombre tiene que ser libre: de lo contrario, va a destruirse a sí mismo.

¿Puede desechar la mente todo su condicionamiento de modo que sea libre en realidad, no de manera verbal o teórica o ideológica, sino de hecho libre completamente? Ese es el único reto, el único problema, ahora y siempre. Si usted también ve 1a importancia de esto, entonces podemos examinar la pregunta de si la mente puede descondicionarse a sí misma. ¿Podemos seguir adelante desde aquí? ¿Es posible? En esta pregunta están implicadas varias cosas. En primer lugar, ¿cuál es la entidad que va a descondicionar la mente condicionada? ¿Comprenden? Yo quiero descondicionarme. Habiendo nacido hindú o habiéndome criado en determinada parte del mundo, con todas las impresiones, culturas, libros, revistas, con lo que la gente ha dicho o no ha dicho, tan constante presión ha moldeado mi mente. Y veo que ésta tiene que ser del todo libre. Pero, ¿cómo va a ser libre? ¿Hay alguna entidad que la vaya a liberar?

El hombre ha dicho que esa entidad existe; la llaman el Atman en la India, el alma o la gracia de Dios en Occidente, esto o aquello. Es una entidad que traerá esta libertad si se le da la oportunidad de hacerlo. Se sugiere que si vivo rectamente, si hago ciertas cosas, si sigo ciertas fórmulas, ciertos sistemas, ciertas creencias, entonces seré libre. De modo que primero se afirma que existe una forma o agente eterno superior que me ayudará a ser libre, que liberará mi mente si hago estas cosas, ¿no es así? Pero el «si usted hace estas cosas» es un sistema que va a condicionarme, y eso es lo que ha sucedido. Los teóricos y los teólogos y las personas de diversas religiones han dicho: «haz estas cosas, practica, medita, domina, compele, reprime, sigue, obedece». Y luego, al final, ese agente externo vendrá, hará algún milagro y usted será libre. Vea cuán falso es esto. Y sin embargo, todas las religiones lo creen de manera distinta. Por lo tanto, si usted ve la verdad de esto, que no hay agente exterior, Dios –lo que sea– que vaya a liberar la mente condicionada, entonces toda la estructura religiosa organizada de los sacerdotes con sus rituales, con su murmullo de palabras y más palabras sin sentido, ya no tendrá significación alguna.

En segundo lugar, si usted ha desechado todo eso realmente, ¿cómo es posible que se disuelva este condicionamiento? ¿Cuál es la entidad que va a hacerlo? Usted ha descartado ese agente exterior, lo sagrado, lo divino, todo eso; luego tiene que haber alguien que vaya a disolverlo. Entonces, ¿quién es? ¿El observador? ¿El yo, que es el mismo observador? Detengámonos en esa palabra: el «observador» –eso es suficiente. ¿Es el observador el que va a disolverlo? El observador dice: «tengo que ser libre y, por lo tanto, tengo que desembarazarme de todo este condicionamiento». Usted ha rechazado la entidad superior, el agente divino, pero ha creado usted otro, que es el observador. Ahora bien, es el observador distinto de la cosa observada por él? Por favor, siga esto. ¿Entiende? Esperábamos que un agente externo nos liberase: Dios, los Salvadores, Maestros, los gurus, etc. Si usted descarta todo eso, entonces verá que también tiene que descartar al observador, que es otra clase de agente. El observador es resultado de la experiencia, del conocimiento, del deseo de liberarse de su propio condicionamiento. Él dice: «tengo que ser libre». El «yo» es el observador. El yo dice: «tengo que liberarme». Pero ¿es el yo distinto de aquello que observa? Él afirma: «estoy condicionado, soy nacionalista, soy católico, soy esto, soy aquello». ¿Es en realidad diferente el «yo» de la cosa que está separada de él, la que es, según dice, su condicionamiento?

De modo que el «observador», el «yo» –ese «yo» que dice que es diferente de la cosa de la cual quiere librarse– ¿está separado en realidad de la cosa observada? ¿Es eso? ¿Es que hay dos entidades separadas, el observador distinto de la cosa observada? ¿O es que hay sólo una cosa, y que lo observado es el observador, y éste es aquél? (¿Se está volviendo esto muy difícil?)

Cuando usted ve la verdad de que el observador es lo observado, entonces no hay dualidad alguna, por lo tanto, no hay conflicto (habíamos dicho que es un derroche de energía). Entonces sólo existe el hecho real, el hecho de que la mente está condicionada. No significa que «yo esté condicionado y vaya a librarme de mi condicionamiento». Así es que cuando la mente ve la verdad de esto, entonces no hay dualidad, sino sólo un estado de condicionamiento, o estado condicionado. Ninguna otra cosa. ¿Podemos seguir adelante partiendo de este punto?

¿Ve usted, pues, eso, no como una idea, sino de hecho? ¿Ve usted realmente que sólo existe el condicionamiento, no el «yo» y el «condicionamiento» como dos cosas distintas: el «yo» ejerciendo su «voluntad» para librarse del condicionamiento, y de ahí el conflicto? Cuando usted ve que el observador es lo observado, no hay conflicto en absoluto; éste se elimina del todo, de modo que cuando la mente ve que sólo hay un estado condicionado, ¿qué va a suceder entonces? Usted ha eliminado del todo la entidad que va a ejercer su poder, disciplina o voluntad para librarse de este condicionamiento, lo que significa en esencia que la mente ha eliminado del todo el conflicto.

Ahora bien, ¿lo ha hecho usted? Si no lo ha hecho, no podemos seguir adelante. Mire –para decirlo con mayor sencillez– cuando usted ve un árbol, existe el observador –el que ve– y la cosa vista. Entre el observador y la cosa observada hay un espacio; entre la entidad que ve el árbol y éste hay un espacio. El observador mira ese árbol y tiene diversas imágenes o ideas sobre los árboles. A través de esas innumerables imágenes, mira el árbol ¿ Puede él eliminar esas imágenes botánicas, estéticas, etc., de modo que mire el árbol sin ninguna imagen, sin idea alguna? ¿Lo ha intentado usted alguna vez? Si no lo ha intentado, si no lo hace, no podrá penetrar en este problema mucho más complejo que estamos investigando. El de la mente que lo ha mirado todo como «el observador», como algo distinto de la cosa observada y, por lo tanto, con un espacio, una distancia entre ella como «el observador» y la cosa «observada»; como el espacio que hay entre usted mismo y el árbol. Si puede hacerlo, es decir, si usted puede mirar un árbol sin ninguna imagen, sin ningún conocimiento, entonces el observador es lo observado. Eso no quiere decir que se convierta en el árbol –cosa que sería muy tonta– sino que desaparece la distancia entre el observador y lo observado. Y ese no es una especie de estado místico, abstracto o hermoso, no significa que usted caiga en un éxtasis.

Cuando la mente descarta el factor externo –divino o místico, o cualquier cosa que sea invención de una mente que no ha podido resolver el problema de liberarse de su propio condicionamiento– cuando descarta ese agente exterior, inventa otro, el «yo», el «observador», que dice: «voy a librarme de mi condicionamiento». Pero de hecho sólo existe una mente que se haya en estado condicionado, no la dualidad de una mente que dice que está condicionada, que tiene que ser libre, que tiene que ejercer la voluntad sobre su estado condicionado. Sólo existe una mente condicionada. Por favor, escuche esto con mucho cuidado. Si realmente escucha con atención, con todo su corazón, con toda su mente, verá lo que pasa. La mente está condicionada, ¡sólo eso! No hay nada más. Todas las invenciones psicológicas –relación permanente, divinidad, dioses, todo lo demás– nacen de esta mente condicionada. Sólo hay eso y ninguna otra cosa más. ¿Es esto un hecho para usted? Esta es la cuestión. Si usted puede llegar a este hecho, es en verdad, una cosa de extraordinaria importancia. Porque en la observación de eso solamente, y nada más, empieza el sentido de libertad, que es la liberación del conflicto ¿Vamos a seguir o han tenido ya bastante por esta mañana?

Interlocutor: ¿Podría usted repetir la última afirmación?

K.: Dije, creo, que si usted ve sólo ese estado, si lo conoce por completo, si se da cuenta, sin elección alguna, de que la mente está totalmente condicionada, entonces conocerá, o empezará a sentir o captar el aroma o el gusto de ese extraordinario sentido de libertad. *Empezará.* Pero usted aún no lo tiene, no se escape con sólo el aroma de un perfume.

Interlocutor: Si digo que «tengo la mente condicionada», ese «yo» es también un condicionamiento; entonces no sé, qué otra cosa queda.

K.: Eso es precisamente. Si digo: «Yo estoy condicionado», ese «yo» lo está también. ¿Qué queda entonces? Sólo existe un estado condicionado. Vea que en efecto sólo existe eso. Más la mente se opone a ello, quiere hallar una salida. No dice que está condicionada y que se quedará ahí tranquilamente. Cualquier movimiento por mi parte, consciente o inconsciente, es el movimiento de lo condicionado. ¿Cierto? No hay, pues, movimiento, sino sólo un estado condicionado. Si usted puede quedarse por completo así sin volverse neurótico –¿entiende?– entonces usted lo descubrirá. Pero dirá: «¿cuál es la entidad que va a descubrir?» No hay otra entidad que vaya a descubrir.Así empezará la misma cosa, la oposición, el hallar una salida.

No sé si usted está siguiendo todo esto.

La mente siempre ha eludido este estado implacable. Está condicionada desde la infancia, desde el principio mismo de la vida, desde hace millones de años, y ensaya todas las formas para escapar: dioses, sistemas, filosofías, sexo, placer, ideas. Hace todo por salir de ese estado condicionado, y aún lo sigue haciendo cuando dice: «tengo que ir más allá de esto». Así que, no importa el movimiento que haga una mente condicionada, cualquiera que sea el movimiento que siga continuará en estado de condicionamiento. Por eso uno se pregunta si la mente podrá quedarse por completo con el hecho, y nada más. ¿Comprende? Quedar así, habiendo descartado todo el sistema de gurús, maestros, instructores, salvadores, ya sabe, todas las cosas que el hombre ha inventado para ser libre.

CAPÍTULO 4

La mente religiosa. El condicionamiento. La manera total de mirarnos a nosotros mismos. La verdadera libertad para mirar.

Me parece muy importante que se comprenda el estado de una mente por completo religiosa y que éste llegue a realizarse. Una mente asi puede resolver todos nuestros problemas –no de manera abstracta o teórica. Una mente religiosa no está presionada por ideologías, dogmas, ni suposiciones de clase alguna, sino que se interesa en el hecho, en lo que es, y en trascender éste.

Nuestra conciencia está condicionada por la educación, por diversos estados mentales, heredados o adquiridos, por varias contradicciones y por el conflicto de los opuestos: esa es la conciencia que somos. Creo que es bastante obvio que cada uno de nosotros sólo puede descubrir el condicionamiento de tal estado mental, mirándose de manera objetiva. Parece que una de las cosas más difíciles es vernos cómo somos en realidad, –sin ayuda de teoría alguna, sin desesperación ni esperanza, sin exigencias u opiniones– simplemente mirarnos. A menos que hagamos esto, no sé cómo pudiéramos trascender este limitado y estrecho círculo en que vivimos.

¿De qué manera es posible producir un estado en que nos demos cuenta internamente de lo que en realidad está sucediendo en nosotros mismos, sin prejuicios ni suposiciones neuróticas de clase alguna, en que nos demos cuenta de lo que está ocurriendo realmente, sin elegir una cosa u otra? No sé si han intentado ustedes alguna vez examinar todo pensamiento, todo sentimiento, –no de manera psicoanalítica– si han tratado de descubrir la fuente de ese pensamiento o sentimiento, de ver en el examen de la conducta la causa, el motivo y las diversas capas –si se me permite usar esta palabra– de la mente, de nuestra conciencia. Pero eso llevaría demasiado tiempo y no nos conduciría a ninguna parte, por que el proceso analítico implica un analizador, y el analizador está condicionado. Así que, cualquier cosa que éste examine, estará también condicionada y será vista a través de su estado de condicionamiento. Evidentemente, el proceso analítico está limitado en esta forma.

Tiene que haber una manera de mirarnos a nosotros mismos totalmente, sin pasar por todas las complicaciones del análisis introspectivo, etc. Tiene que haber un estado, una atención, un mirar que revele todo el contenido de nuestro condicionamiento. No sé si ustedes se habrán hecho esta pregunta, y en tal caso, me pregunto yo cómo responderían a ella. ¿Comprenden ustedes el problema?

Los seres humanos están condicionados. El resultado de esta mente condicionada se muestra en la totalidad de su norma de conducta: su punto de vista, sus actividades, su agresividad, sus estados mentales contradictorios, desesperación y esperanza, odio y amor, placer y dolor –esta batalla constante en todas las capas de la conciencia, la invención de dioses, creencias y dogmas. Nuestras nacionalidades, las divisiones de la gente, como las raciales, etc., son el resultado de nuestra educación y de la influencia de la sociedad que hemos establecido. Y así somos, tal es la extensión de nuestra conciencia, tan evidentemente condicionada. ¿Cómo va uno a librarse de esto por completo, para que no haya conflicto de ninguna clase? El conflicto, la lucha y la batalla son un desperdicio de energía. Toda nuestra vida se gasta de este modo. Un deseo se opone a otro, una urgencia, un apremio, un instinto, se oponen a otros. Esa es nuestra vida y uno se pregunta si se puede vivir de una manera totalmente diferente,y en ese caso, cómo hacerlo. ¿Es esto posible de modo alguno?

Decíamos que los sistemas, las filosofías y las religiones no han liberado al hombre. Aún sigue dentro de la prisión que él mismo ha hecho de la conciencia, y esa no es libertad de ninguna manera. Es como un preso que aún viviendo entre cuatro paredes, dice que es libre. No lo es, puede pasear por el espacio cercado, pero la libertad es algo enteramente distinto, reside por completo fuera de la prisión. Viendo toda esta compleja relación humana, este complejo de condicionamientos, la pugna, la lucha, el miedo a la muerte, la soledad, la desesperación, la falta de amor, la brutalidad, la agresividad, lo que somos, nos preguntamos: ¿es posible trascenderlo por completo y quedar libres de todo ello? No puede ayudarnos ningún agente exterior; el agente externo es otra invención de una mente condicionada, otra ideología de una mente que no puede encontrar una salida y que, por eso asume como un hecho lo que sólo es una creencia.

Pues bien, cuando usted desecha todo esto se queda con este hecho real: que la mente está por completo condicionada, lo mismo la mente consciente que las capas inconscientes más profundas. Si uno se da cuenta de esto, ¿qué ocurre en realidad? Si me doy cuenta de que no importa lo que haga, de que cualquier movimiento dirigido a hacer un esfuerzo o a pensar, estará dentro de la limitación de aquél condicionamiento, ¿qué pasa entonces realmente? ¿Entiende mi pregunta? Me doy cuenta hasta qué punto mi mente, el complejo mismo de las propias células cerebrales, está recargada con el pasado, los recuerdos, la experiencia, los conocimientos, la tradición; con sistemas de conducta que uno ha aceptado en nombre de la ley y el orden y que, sin embargo, nos separan; con la agresion, matándonos unos a otros, destruyendo por medio de la palabra, del gesto, de la accion., Ahora bien, ¿cómo me doy cuenta de esto? ¿Intelectualmente? (Por favor, siga esto hasta el fin con el que habla; no se limite a escuchar, a oír meramente, sino actúe en realidad). ¿Cómo me doy cuenta de este hecho real? Tengo que preguntarme qué quiero decir con «darme cuenta», cómo miro mi condicionamiento. Es evidente que, cuando lo miro, lo condeno, lo justifico o bien lo acepto como inevitable.

Por favor, hagan esto. ¿Están ustedes participando en lo que se dice? Si no lo hacen, entonces no hay comunicación entre ustedes y el que habla, y no podemos seguir adelante. Si pudiéramos actuar juntos, entonces sería un descubrimiento –no del individuo– una comprensión, una percepción humana total, no una percepción limitada.

Entonces, ¿qué entendemos por ser consciente? Me doy cuenta de que estoy condicionado. Ese es un hecho, lo veo, soy consciente de él, lo conozco. ¿Qué quiere decir esto? ¿Hay separación entre este estado de ser consciente (awareness) y la cosa de la cual uno se da cuenta? ¿Me doy cuenta de mi condicionamiento como alguien de fuera que mira dentro de mí? Uno sabe que es agresivo de palabra, de sentimiento, de obra. ¿Lo sabe uno intelectualmente? ¿O bien se comunica uno con ese hecho, no como alguien de fuera, sino en estado de comunión establecida entre la entidad que es consciente y la cosa de la cual está consciente? ¿Entiende usted? Creo muy importante que se comprenda esto. Cuando digo «sé», «sé que estoy condicionado», la palabra «sé» es muy compleja. Usted ha mirado antes su condicionamiento y ha aprendido algo sobre él. Y dice: «yo sé». Más, cuando lo dice, ya ha acumulado conocimiento acerca de el, y es con ese conocimiento que mira. Pero la cosa, el condicionamiento, tiene que cambiar entretanto, y efectivamente cambia. Por eso decir «sé» es de lo más peligroso. Decir «le conozco a usted» es absurdo, que «conozco» a mi esposa, a mi marido, a mis hijos, a mi jefe político, mi Dios (eso es peor); decir «te conozco» significa que usted conoce a su esposa, marido, amigo, como eran hace dos o tres días. Pero, mientras tanto, ese amigo o marido o esposa han sufrido un cambio. Decir, pues, «le conozco» es incorrecto –si se me permite usar esta palabra.

El conocimiento, por lo tanto, le impide a usted mirar, ¿no es verdad? Pero, ¿puedo yo mirar sin experiencia previa, sin conocimientos, mirar con una mente fresca y nueva? La vida es una serie de experiencias, conscientes o inconscientes. Estas experiencias, las distintas formas de influencia, ideas, propaganda, todas se están vaciando en el interior, y cada una de ellas deja una huella. Es con estas diversas heridas, huellas, recuerdos, en forma de conocimiento, que miro, de modo que mi mirada está siempre nublada, nunca está clara. ¿Puedo mirarme yo con ojos que nunca hayan sido tocados por la experiencia? (Por favor, siga esto y observe; observe y verá algo). Si me miro con los ojos de la experiencia, con ojos que han mirado tantas cosas por las que he pasado; tantas tragedias, pensamientos, penas y desesperanzas –entonces esos ojos nunca ven nada con claridad. Para mirar, ¿puede librarse la mente de todo el pasado?

¿Puede la mente darse cuenta de su condicionamiento? ¿Puede mirarlo sin distorsión alguna, sin ninguna predisposición? Ese es el problema. ¿Es posible mirar *cualquier* cosa, el árbol, la nube. la flor, el niño, el rostro de una mujer o de un hombre *como si usted lo estuviera mirando por primera vez*? Esa es realmente la cuestión fundamental: verdadera libertad para mirar.

Y la libertad implica estar libre de todo el trasfondo del pasado. El pasado es la cultura en que nos hemos criado, las influencias sociales y económicas, las tendencias peculiares de cada uno de nosotros, los impulsos, los dogmas religiosos, las creencias, todo eso es pasado; y con ese pasado tratamos de mirarnos, aún cuando nosotros mismos somos ese pasado.

Hay dos clases de libertad, ¿no es así? Hay el estar libre de algo –estoy libre de cólera– por ejemplo, pero estar libre de algo es una reacción. Evidentemente eso no es libertad. Estar libre de la propia nacionalidad no significa absolutamente nada. Un hombre muy inteligente está libre de ese particular veneno, pero ello no constituye libertad, en absoluto. Y existe una clase distinta de libertad, un estado mental en que no hay esfuerzo alguno. Esa libertad es amor; no es como cuando usted dice: «Tengo que aprender a amar, a practicar el amor»; «odio a la gente, pero voy a luchar, voy a tratar de amar». Eso no es amor. La libertad es un estado mental en que el amor existe, y no es lo opuesto del odio, de los celos o de la agresión. Cuando luchamos con opuestos y nos esforzamos por librarnos de uno y realizar el otro, entonces el otro tiene su raíz en su propio opuesto, ¿no? Mediante el conflicto no se puede comprender la libertad de manera alguna.

Volvamos a esta cuestión; que significa estar consciente (aware). ¿Está la mente consciente frente a ese árbol, esa nube. la verde hierba que brilla a primera hora de la mañana? ¿Se da cuenta de ello, sin elección alguna, sin ninguna intervención del pensamiento ni del conocimiento que divide? Decíamos el otro día: mire en efecto el árbol o una nube o lo que sea, sin crear un espacio. ¿Lo hizo usted? ¿Ha intentado alguna vez mirar a su esposa, al marido, a la amiga o al amigo, sin la imagen que tiene de ellos? ¿Ha visto sus implicaciones y ha visto si puede estar libre de implicaciones para poder mirar? Creo muy importante que comprendamos esto, y creo que es la clave de todo el asunto.

Cuando no hay separación entre el observador y la cosa observada, no hay conflicto y, por consiguiente, hay acción inmediata. Me doy cuenta de que tengo ira. Si el observador está separado de lo observado, ve la ira como algo que está separado de sí, fuera de sí mismo. Cuando hay esta división entre el observador y lo observado, el observador dice: «tengo que desembarazarme de esto», «tengo que reprimirlo» o «tengo que comprenderlo», «tratar de ver su causa», etc. En eso hay conflicto, un estado de perturbación, de dominio, de represión, de ceder al hecho o de racionalizarlo, justificarlo, etc. Todo eso es un despilfarro de energía, a causa del conflicto que hay en ello. Pero, cuando el observador se da cuenta de que él mismo es la cosa observada, entonces ve que él es la ira (que no existen él mismo y la ira como dos cosas separadas). Cuando ve que él es la ira, no hay desperdicio de energía. ¿Qué ocurre efectivamente, qué sucede entonces? Veo que estoy irritado. (Ese estado lo conocen todos ustedes). No estoy separado de la ira. Soy la ira y me doy cuenta de ello, no hay división. ¿Y qué ocurre entonces? Cuando no hay esfuerzo ni pugna, ni contradicción ni batalla, sólo hay un cosa: *aquello que en realidad es*. Y lo que en realidad es soy yo mismo. (El observador que creía ser distinto de lo observado), y sólo existe ese hecho real: la ira, los celos o lo que sea. Y *todo el movimiento del pensar contradictorio ha terminado*. Por lo tanto, sólo hay percepción, un ver en el cual no hay división o contradicción. Y *surge un nuevo estado de energía. Este nuevo estado de energía va a disipar por completo aquel hecho real.*

Necesitamos mucha energía para mirar un árbol sin este espacio, sin esta división entre el que ve y lo visto; usted necesita gran energía en su atención y también es menester que tenga un sentido de libertad. La libertad y la atención tienen que ir juntas. De ahí nace el amor, cualidad de atención en que no existe el observador.

Me pregunto si ustedes están captando todo esto. He estado hablando durante unos 45 minutos y no sé qué han sacado de ello. ¿Podrían decirme qué es lo que en realidad han comprendido, no lo que han memorizado, reuniendo unas cuantas ideas y explicaciones, sino qué es lo que efectivamente han captado tras de escuchar 50 minutos aproximadamente?

Interlocutor: ¿Es el ver una fuerza explosiva?

K.: No sé por que me lo pregunta usted. Descúbralo usted mismo. Mire, no sé cómo podemos comunicarnos mutuamente la seriedad que hay en todo esto. Ustedes se han tomado muchas molestias y han incurrido en gastos para venir aquí y escuchar durante una hora por la mañana, tres veces por semana. Y al terminar este verano tras diez conversaciones o dos, ¿qué han sacado ustedes en claro?

Interlocutor: Es difícil expresarlo en palabras.

K.: Es difícil decirlo en palabras. ¿No es así? ¿Está uno fuera de toda esta vida de desdicha? ¿Se ha liberado uno de toda su confusión interna?

Interlocutor: (No se registra en la grabadora).

K.: Señora, esto no es una confesión. ¡Por Dios! No bajemos a ese nivel. No se trata de desnudarnos frente a los otros y decir que hemos avanzado mucho, lo que sería demasiado tonto. Lo que preguntamos es: ¿Nos hemos comunicado unos con otros? ¿Hay comunión sobre algo entre usted y el que habla? Cuando usted le dice a alguien: «te amo», esas pocas palabras bastan; ha comunicado usted algo que siente muy profundamente, algo muy real, que no son simples palabras. Y si podemos decirlo de esta manera: «¿hay amor en nosotros, lo que es realmente un estado de comunión –no sentimiento ni emoción, no toda esa bagatela, sino libertad– hay amor, de modo que seamos seres humanos totalmente distintos?» Al fin y al cabo, tal es el sentido de esta reunión: *sacudir el fundamento mismo de nuestro ser para que descubramos algo de una dimensión por completo diferente.* Podemos cometer un error, probablemente lo cometeremos, pero cuando así sea, podemos verlo de inmediato y eliminarlo sin seguir encenagándonos en ese error.

No sé si ustedes están siguiendo todo esto. Miren, señores, tenemos que hacer juntos un enorme trabajo, tenemos una gran responsabilidad. El mundo está en una confusión tan espantosa, en un estado tan alarmante, que, cuando nos marchemos de aquí, tenemos que ser seres humanos completamente distintos, totalmente responsables, para que podamos crear un mundo diferente. Es decir, hemos de ser revolucionarios en el sentido de que tiene que realizarse en nosotros una honda revolución interna.

CAPÍTULO 5

La acción. La acción correcta. El mundo en que vivimos. La vida total. El motivo. El amor. El placer. El estado de amor. La acción que no engendra conflicto. La vida religiosa.

Me gustaría saber si alguna vez usted se ha hecho una pregunta fundamental; la pregunta que, por el hecho mismo de hacerla, indica profunda seriedad; y cuya respuesta no depende necesariamente de otra persona, ni de ninguna filosofía, maestro, etc. Quisiera hacer esta mañana una de estas preguntas serias y fundamentales.

¿Hay alguna acción buena que lo sea en todas las circunstancias? ¿O es que sólo existe la acción como tal –ni buena ni mala–? La acción correcta varía con el individuo y las diferentes circunstancias en que éste se ve colocado. Al individuo en oposición a la comunidad, por ejemplo, al soldado, podría preguntársele: «¿cuál es la acción correcta?» Evidentemente, para él la acción correcta sería, mientras esté en el frente, matar. Y para el individuo encerrado con su familia, dentro de las cuatro paredes de la idea de «lo mío», de «mi familia», de «mis posesiones», también hay una acción correcta. Y también la hay para el hombre de negocios en la oficina. Y así, la acción correcta crea oposición: la acción individual, opuesta a la colectiva.

Cada uno sostiene que su acción es la correcta. El hombre religioso, con sus creencias y dogmas exclusivos, se dedica a lo que considera una buena acción, y ésta lo separa del incrédulo, de los que piensan o sienten lo contrario de lo que él cree. Existe la acción del especialista que está trabajando con arreglo a cierto conocimiento especializado. Dice él: «esta acción es la correcta». Están los políticos, con sus acciones buenas o malas, los comunistas, los socialistas, los capitalistas, etc. Existe toda una corriente de vida comercial, política, religiosa, familiar, y también una corriente de vida en que hay belleza, amor, bondad, generosidad, etc.

Uno se pregunta –al ver todas estas acciones fragmentarias que engendran sus propios opuestos– al ver todo esto, se pregunta: ¿Qué acción es buena en todas las circunstancias? ¿O es que sólo hay acción como tal, que no es buena ni mala? Esta última es una afirmación muy difícil, incluso de hacer o de creer, porque evidentemente matar es una acción mala, y evidentemente también es una acción mala el estar cautivo de un determinado dogma y actuar de acuerdo con él.

Hay quienes, al ver todo esto, dicen: «somos activistas, no nos interesan las filosofías, las teorías, las diversas formas de ideología especulativa; nos interesa la acción, «actuar». Y hay los que dejan de «actuar» y se retiran a los monasterios, se vuelven a su interior y se escapan a su propio paraíso o se pasan años en meditación creyendo encontrar así la verdad para entonces actuar.

Cuando se observan estos fenómenos –las acciones opuestas y fragmentarias de los que dicen «tenemos razón» y «esta es la acción correcta», «esto resolverá los problemas del mundo», y que, sin embargo, crean de ese modo consciente o inconscientemente, actividades opuestas, perpetuando así las divisiones y actitudes agresivas –uno se pregunta: «¿qué vamos a hacer?»

¿Qué va uno a hacer en un mundo que es en realidad espantoso, brutal; un mundo en que hay tanta violencia, tanta corrupción, en el que importa enormemente el dinero, dinero, dinero, y en que uno está dispuesto a sacrificar a otro al buscar poder, posición, prestigio, fama; donde cada hombre quiere o se esfuerza por afirmarse, por llenar un cometido, por ser alguien? ¿Qué va uno a hacer? ¿Qué va a hacer *usted*?

No sé si usted se ha hecho esta pregunta: «¿Qué voy a hacer, viviendo en este mundo, viendo todo esto ante mí: la desdicha, el enorme sufrimiento que el hombre causa al hombre, el hondo sufrimiento por el que uno pasa, la ansiedad, el miedo, el sentido de culpa, la esperanza y la desesperación?» Viendo todo esto, si se da cuenta de ello de alguna manera, uno tiene que preguntarse: «¿Qué voy a hacer, viviendo en un mundo así?» ¿Cómo respondería usted a esa pregunta?

Si usted se formula esa pregunta con toda seriedad, si lo hace muy, muy seriamente, tendrá una inmediatez e intensidad extraordinarias. ¿Cuál es su respuesta a este reto? Vemos que la acción fragmentaria, la acción que es «correcta», conduce en efecto a la contradicción, a la oposición, a la separatividad: y el hombre ha buscado ésta, la acción correcta, llamándola moralidad, siguiendo un modelo de conducta, un sistema en el cual está preso y el cual lo ha condicionado. Para él hay acciones buenas y malas, las cuales a su vez producen otras contradicciones y oposiciones, de modo que uno se pregunta: «¿Hay alguna acción que no sea correcta ni incorrecta, sino sólo acción?».

Por favor, no se limite usted a oír una serie de palabras e ideas con las cuales esté o no esté de acuerdo, que acepte o rechace. Es un problema muy, muy serio, el que está involucrado en esto: cómo vivir una vida que no sea fragmentaria, una vida que no esté dividida en partes –familia, negocio, religión, política, diversión, seriedad– ya saben ustedes, desmembrada constantemente.

¿Cómo vivir una vida completa, total? Espero que usted se haga esta misma pregunta. Si se la hace, entonces podemos seguir adelante juntos, podemos comunicarnos y estar en verdadera comunión uno con otro sobre esta cuestión que es muy fundamental, muy seria.

En Oriente tienen su propio patrón de conducta. Ellos dicen: «nosotros, los brahmines, tenemos razón, somos superiores, somos esto, aquello, nosotros sabemos». Afirman sus dogmas y creencias, su conducta y moralidad, y, sin embargo, todos en oposición, se «toleran» unos a otros y se matan en cualquier momento. Nos preguntamos, pues: «¿hay una vida de acción que nunca sea fragmentaria, nunca exclusiva, nunca dividida?» ¿Cómo vamos a descubrirla? ¿Se ha de descubrir por explicaciones verbales, o porque otro se lo informe a usted? ¿Se ha de descubrir porque usted, cuyas acciones han sido incompletas, esté tan cansado, agotado, desalentado, que por este cansancio y desesperanza quiera hallar otra cosa? Uno tiene que ser muy claro sobre el motivo que le impele a hacer esta pregunta. Si tiene un motivo de *cualquier* clase, la propia respuesta no tendría sentido alguno, por que el motivo dicta la respuesta.

Uno tiene que hacerse esta pregunta sin motivo alguno, porque sólo entonces se ha de hallar la verdad, la verdad de cualquier cosa. Al hacer esta pregunta uno tiene que descubrir su propio motivo. Y si se tiene alguno –porque uno quiere ser feliz o quiere paz en el mundo; o porque ha luchado tanto tiempo, o bien, el motivo para buscar la acción completa es la fatiga, la desesperación, o diversas formas de anhelo, de escape, de autorrealización– entonces la propia respuesta será muy limitada, inevitablemente. Por lo tanto, uno tiene que estar consciente, en realidad, cuando se formula esta pregunta. Si usted la puede formular sin ningún motivo, en absoluto, entonces está libre para mirar. ¿Comprende? Está libre para descubrir, no está atado a una urgencia particular, a un apremio determinado. ¿Podemos seguir, partiendo de aquí? Es muy difícil estar libre de motivo alguno.

¿Cuál es, pues, la acción que no es fragmentaria, que no es buena ni mala y que no crea oposición, la acción que no es dualista? Por favor, siga todo esto. ¿Cuál es la acción que no engendra conflicto, contradicciones? Una vez que se haya hecho esta pregunta con toda seriedad, ¿cómo va a hallar la respuesta? Usted tiene que hallarla. Nadie puede hacerlo por usted. No sería entonces su propio hallazgo, no sería algo que hubiera encontrado usted mismo por haber mirado con claridad, y, por lo tanto, algo que no pudiera serle nunca arrebatado, destruído por la circunstancia.

Al hacer esta pregunta, el intelecto, con toda su astucia, puede decir: «Haré esto», una vez que se le den todos los datos, todas las circunstancias, y vea que toda acción contradictoria crea conflicto y, por tanto, desdicha. El intelecto puede convertir su respuesta en un principio, un patrón, una fórmula, con arreglo a la cual vivirá. Pero entonces usted vivirá de acuerdo con esa fórmula, como lo ha hecho anteriormente: entonces usted está otra vez creando contradicciones, imitando a otro, siguiéndolo, obedeciéndolo. Vivir de acuerdo con una fórmula, con una ideología, con una conclusión previsible, es vivir una vida de adaptación, de imitación, de conformidad y, por lo tanto, una vida de oposiciones, de dualidad, de interminable conflicto y confusión. El intelecto no puede contestar la pregunta que nos hemos formulado, ni puede hacerlo el pensamiento. Si usted ha examinado profundamente su pensamiento, verá que está siempre dividido. El pensamiento nunca puede producir unidad de acción. Y una acción integrada que sea producto del pensamiento creará, de modo inevitable, acciones contradictorias.

Vemos el peligro del pensamiento, que es la respuesta de la memoria, de la experiencia, del conocimiento, de la conviccion, etc.; vemos cómo el pensamiento, que es la reacción del pasado, puede establecer una manera de vivir y por fuerza se ajusta a la fórmula que ideológicamente ha creado; y vemos que eso implica conflicto interno, porque en ello está lo correcto y lo incorrecto, lo verdadero o lo falso, lo que debería ser y lo que no es, lo que podría haber sido, etc., etc. De modo que si la mente, al hacerse esta pregunta, puede estar libre de motivo alguno, libre del peligro de la percepción intelectual y de la conformidad a una ideología que haya inventado, entonces puede formular tal pregunta, y la respuesta será totalmente distinta.

¿Es posible vivir tan plenamente, de manera tan completa, total, que no haya acciones fragmentarias? Como observamos, la vida es acción; sea lo que sea, cualquier cosa que usted haga, piense o sienta, es acción. La vida es movimiento, un movimiento incesante sin principio ni fin, y la hemos dividido en pasado, presente y futuro, en vivir y morir, así como en amor y odio, en nacionalidades, etc. Y nos preguntamos: ¿hay alguna forma de vida, no en el aspecto ideológico, sino en la realidad, en que se pueda vivir cada minuto del día sin contradicciones, sin oposiciones, sin fragmentación, esto es, en que el vivir mismo sea completa acción?

¿Ha reflexionado usted alguna vez lo que es el amor? ¿Es el amor esta tortura? Puede ser bello al principio, cuando usted le dice a alguien: «te amo», pero pronto degenera en toda forma de astucia, de relación posesiva, dominante, con su odio y sus celos, su ansiedad, su temor. Semejante amor es placer y deseo, el placer del sexo y la urgencia del deseo, alimentado por el pensamiento, que rumia aquel particular placer día tras día; eso es lo que llamamos amor. El amor al país, el amor a Dios, el amor al prójimo, todo eso no significa absolutamente nada. Son meras ideas. Cuando hablamos del amor al prójimo, en la iglesia o en el templo, no somos sinceros realmente. Somos hipócritas, porque el lunes por la mañana destruímos a nuestro prójimo en los negocios, por la competencia, por querer una mejor posición, más poder, etc., etc., etc. El amor en particular a la familia y el amor del hombre, fuera de ese círculo, es el amor como posesión: poseer a mi esposa, a mi marido, a mi hijo, dominándolos; o bien dejarlos en paz porque estoy demasiado ocupado, tengo negocios, otros intereses, tengo... ¡Dios sabe qué más! De modo que no hay hogar; y aún cuando haya un hogar, hay una constante batalla por poseer y dominar al otro; hay miedo, celos, el intento de reafirmarse uno mismo por medio de la familia, por el sexo. A todos estos fenómenos los llamamos amor: no creo que exageremos. Nos limitamos a exponer el hecho real: puede ser que no nos guste, pero, ahí está.

En ese amor también están las acciones correctas e incorrectas que igualmente crean varias clases de conflicto. ¿Es eso amor? ¿Eso que aceptamos como tal, lo que ha llegado a formar parte de nuestra naturaleza? Instintivamente ocultamos este modo de ser del amor, más cuando usted lo mira en forma objetiva, muy seriamente, con claridad, ¿es eso amor? Es obvio que no. Y cautivos dentro del patrón de conducta establecido por nosotros mismos y por la sociedad durante siglos, no podemos escapar, no sabemos qué hacer y, de ahí el conflicto entre el amor «correcto» y el «incorrecto», entre lo que debería ser y lo que es. La «moralidad» de esa estructura es realmente inmoral. Y sabiéndolo así, creamos otra ideología y en consecuencia, el conflicto, al oponernos a la inmoralidad. ¿Qué es, pues el amor? No la opinión de usted, ni alguna conclusión suya, ni lo que piensa sobre el asunto. ¿Quién se preocupa de lo que se piense acerca del amor? Sólo puede usted descubrir lo que es cuando se libre por completo de la estructura en que se apoyan los celos, la dominación, el odio, la envidia, deseo de posesion, la estructura del placer.

El placer es algo que hay que examinar. No estamos diciendo que el placer sea malo o bueno, lo que también nos llevaría a varias conclusiones y, por lo tanto, a oposiciones. Más, para la mayoría de nosotros el amor está asociado, íntimamente enlazado con el placer –sexual o de otra índole–. Y si el amor es placer, entonces es dolor. Cuando hay dolor, ¿hay amor? Lógicamente no lo hay, y sin embargo, seguimos con él, día tras día. ¿Puede uno romper con esta estructura –la tradición– en que estamos presos, y descubrir o dar con ese estado de amor que no sea nada de esto? Está más allá, fuera de esta carpa, no está en este lugar, ni dentro de nosotros.

¿Es posible una vida en que el vivir mismo sea la belleza de la acción y del amor? Sin amor siempre hay acción correcta o incorrecta, lo que engendra conflicto, contradicción y oposición. Sólo hay una acción que proviene del amor; no hay ninguna otra que no engendre contradicción o conflicto. Ya sabemos, el amor es agresivo y no agresivo –no me entienda mal– el amor no es una cosa pacífica, callada, que esté abajo, en alguna parte de la bodega, o arriba, en el cielo. Cuando ama, en usted hay vitalidad, impulso, intensidad y acción inmediata. ¿Es posible, pues, que nosotros, los seres humanos, lleguemos a envolvernos en esta be!leza de la acción, que es amor?

Sería extraordinario que todos nosotros, los que estamos aquí, pudiéramos llegar a comprender esto –no como idea, no como algo que se ha de alcanzar especulativamente– y desde hoy mismo saliéramos efectivamente a una dimensión distinta y viviéramos una vida completa, total, sagrada. Tal es la Vida religiosa, no hay otra vida, no hay otra religón. Una vida así resolverá todos los problemas, porque el amor es extraordinariamente inteligente y práctico. Y posee la más elevada forma de sensibilidad. Además, en él hay humildad. Esto es lo único importante en la vida: o uno está empapado de amor o no lo está.

Si todos pudiéramos llegar a esto de modo natural, fácil, sin ningún esfuerzo o conflicto, entonces tendríamos una vida distinta, de gran inteligencia, perspicacia, claridad. Es esta claridad la que constituye una luz para uno mismo; esta claridad resuelve todos los problemas.

Interlocutor: ¿Significa esto que no hay que hacer planes?

K.: Me temo que no. Yo tuve que hacer un plan cuando me levanté esta mañana para venir aquí: usted tiene que hacer un plan cuando va a tomar el tren. Mire, la inteligencia responderá a estas preguntas. Habiendo vivido una vida de imitación, de aceptación, de obediencia, de conformidad a una fórmula, cuando eso se le quita por la fuerza, o lo rechaza porque ve su absurdo, usted está perdido y dice: «¿Es que no debo hacer ésto, aquéllo?» Y ¿qué ocurre? Al contrario, si observa usted íntimamente, si observa realmente la estructura, la fórmula, el sistema en que vive; si lo ve y lo siente y lo prueba, entonces de esa observación surge la inteligencia, y ésta actuará. Esta inteligencia, por su misma naturaleza, es libre.

CAPÍTULO 6

El placer. El amor. La belleza. El placer y el pensamiento. La autoexpresión. La vacuidad o el vacío interno. La inatención y la atención completa.

Cuando nos marchamos la última vez, nos disponíamos a hablar sobre el placer. Al explorar ese importantísimo factor de la vida, tenemos también que comprender lo que es el amor, y, al comprender éste, tenemos asimismo que descubrir lo que es la belleza. Aquí hay, pues, tres cosas involucradas: hay placer: hay belleza, de la cual hablamos mucho y nos emociona tanto; y hay amor, esa palabra tan maltratada.

Examinaremos todo, paso a paso, más bien diligentemente, pero con indeterminación, por que estas tres cosas abarcan un campo muy vasto de la existencia humana. Y para llegar a cualquier conclusión, para decir «esto es placer» o «no debe uno tener placer», o bien «esto es amor. es belleza», me parece que se requiere la más clara comprensión y el sentido de la belleza, del amor y del placer. De modo que si somos bastante prudentes, tenemos que evitar toda fórmula, toda conclusión, o cualquier concepción determinada sobre este serio asunto. Entrar en contacto con la profunda verdad de estas tres cosas no es materia de intelección, ni de definición de palabras ni de ningún sentimiento vago, místico o parapsicológico.

Ya saben, yo no he examinado esto realmente, salvo que tengo una visión general de ello, por lo tanto, también estoy investigando con ustedes. No es que yo haya preparado una conferencia y venga aquí a soltarla, de modo que si vacilo y voy más bien despacio, espero que ustedes tengan igual cuidado e investiguen con lentitud e indeterminación.

Para la mayoría de nosotros es muy importante el placer y su forma de expresión. La mayor parte de nuestros valores morales se basan en eso, en el placer último e inmediato. Nuestras tendencias hereditarias o psicológicas y nuestras reacciones físicas y neurológicas se expresan en el placer. Si usted examina no sólo los valores y juicios externos de la sociedad, sino también mira en su propio interior, verá que el placer y la valoración del mismo es lo que perseguimos principalmente en nuestras vidas. Podemos resistir, sacrificar, lograr o negar algo, pero al final siempre está esa sensación de querer lograr el placer, la satisfacción, el contento de quedar complacido o satisfecho. La autoexpresión y la autorrealización son formas de placer, y cuando ese placer se frustra, se obstaculiza, hay temor, y de ese temor surge la agresión.

Por favor, observe esto en usted mismo. Usted no está escuchando meramente una serie de palabras o ideas; éstas no tendrían sentido. Usted puede leer en un libro una explicación psicológica, que no tendrá valor. Pero si investigamos juntos, paso a paso, entonces verá por usted mismo qué cosa tan extraordinaria surge de todo esto. Tenga en cuenta que no estamos diciendo que no debemos tener placer, que el placer sea malo, como sostienen los diversos grupos religiosos por todo el mundo. No decimos que usted tenga que reprimirlo, negarlo, dominarlo, trasladarlo a un nivel más alto, y todas esas cosas. Simplemente estamos investigando, y si podemos investigar muy objetiva y profundamente, entonces de ahí surgirá un estado mental diferente en que hay bienaventuranza, pero no placer. La bienaventuranza es algo totalmente distinto.

Sabemos lo que es placer: contemplar una bella montaña, un hermoso árbol, la luz en una nube perseguida por el viento a través del cielo, la belleza del río con su corriente límpida. Es grande el placer cuando se observa todo esto o se ve el bello rostro de una mujer, de un hombre o de un niño; y todos conocemos el placer que viene por el tacto, el gusto, la vista o el oido. Y cuando ese intenso placer está alimentado por el pensamiento, entonces surge la acción opuesta, es decir, la agresion, la represalia, la ira, el odio, nacidos del sentimiento de no poder lograr ese placer que perseguimos. De ahí el temor, también bastante obvio si lo observamos.

Cualquier clase de experiencia es alimentada por el pensamiento; por ejemplo, el placer de una experiencia de ayer, no importa cómo sea, sensual, sexual o visual. El pensamiento discurre sobre el placer, lo rumia,lo recorre una y otra vez creando una imagen o fotografía que lo sustenta. que lo nutre. El pensamiento es el sostén de ese placer de ayer, le da continuidad hoy y mañana. Observe esto, por favor. Y cuando se inhibe el placer sostenido por ese pensamiento, porque está limitado por las circunstancias, por diversas clases de obstáculos, entonces ese pensamiento se rebela, convierte su energía en agresión, en odio, en violencia, lo que es también otra forma de placer.

La mayoría de nosotros buscamos placer por la autoexpresión. Queremos expresarnos en pequeñas o grandes cosas. El artista quiere expresarse en el lienzo; el autor, en los libros; el músico, utilizando un instrumento etc. ¿Es acaso belleza ésta autoexpresión, de la cual se deriva una enorme dosis de placer? Cuando un artista se expresa, siente placer e intensa satisfacción, –¿es eso belleza?– Pero si no puede transmitir por completo al lienzo o en palabras lo que siente, hay descontento, lo cual es otra forma de placer.

¿Es, pues, placer la belleza? Y cuando hay autoexpresión de cualquier forma, ¿comunica ésta la belleza? ¿Es placer el amor? El amor ha llegado a ser ahora casi sinónimo de sexo y de su expresión, con todo lo que ello encierra –olvido de sí mismo, etc– ¿Es esto amor, cuando el pensamiento extrae de ello intenso placer? Porque cuando es contrariado se convierte en celos, ira, odio. El placer perpetúa el dominio, la posesión, la dependencia y, por lo tanto, el miedo. Por eso uno se pregunta si es placer el amor. ¿Es el amor deseo –en todas sus formas sutiles– sexo, compañerismo, ternura y ese olvido de uno mismo? ¿Es amor todo eso? Y, si no lo es, entonces, ¿qué es el amor?

Si ha observado usted su propia mente en funcionamiento, dándose cuenta de la actividad misma del cerebro, verá que desde tiempos antiguos, desde el principio mismo, el hombre ha perseguido el placer.

Si usted ha observado el animal, verá cuán extraordinariamente importante es el placer para él, cómo busca el placer y cómo se vuelve agresivo cuando se ve contrariado. Estamos hechos así; nuestros juicios, nuestros valores. nuestros requerimientos sociales. nuestras relaciones, etcétera, se basan en este principio esencial del placer y en su autoexpresión. Y cuando eso se frustra, cuando se refrena, se tuerce, se elude, entonces hay ira, agresividad. lo que se convierte en una forma más de placer.

¿Qué relación tiene el placer con el amor? ¿O es que el placer no tiene relación alguna con el amor? ¿Es el amor algo enteramente distinto? ¿Es el amor algo que no está fragmentado por la sociedad. por la religión, en elemento humano y divino? ¿Cómo va usted a descubrirlo? ¿Cómo va a descubrirlo por usted mismo? Sin que sea otro el que se lo diga, porque si alguien le dice lo que es y usted afirma: «sí, eso es verdad», entonces no es algo suyo, no es algo que usted mismo haya descubierto y sentido profundamente.

¿Que relación tiene el placer de la autoexpresión con la belleza y el amor? El hombre de ciencia tiene que conocer la verdad de las cosas. ¿Es la verdad algo estático para el ser humano, no para el filósofo especializado, el científico, el técnico, sino para el ser humano interesado en la vida diaria, en ganarse la vida, en la familia, etc.? ¿O es algo que descubre usted mientras avanza, algo nunca estacionario, nunca permanente, sino que siempre está en movimiento? La verdad no es un fenómeno intelectual, no es un asunto emotivo o sentimental, y nosotros tenemos que encontrar la verdad del placer, la verdad de la belleza y la realidad de lo que es el amor.

Uno ha visto la tortura del amor, su sujeción, el temor que produce, la soledad de no ser amado y la perpetua búsqueda de él en toda clase de relaciones, sin encontrarlo nunca en forma que nos satisfaga completamente. Pregunta uno, pues, si el amor es satisfacción y al mismo tiempo, un tormento cercado por la valla de los celos, la envidia, el odio, la ira, la dependencia.

Cuando no hay belleza en el corazón, vamos a los museos y conciertos, visitamos un antiguo templo griego y admiramos su belleza, con sus hermosas columnas, su proporción frente al cielo azul. Hablamos sin cesar de la belleza, perdemos del todo el contacto con la naturaleza, como lo está perdiendo el hombre moderno que busca más y más las ciudades para vivir. Se forman sociedades para ir al campo a contemplar las aves, los árboles y Ios ríos; como si formando sociedades para admirar los arboles uno fuera a palpar la naturaleza y a entrar en contacto extraordinario con la inmensa belleza. Como hemos perdido el contacto con la naturaleza, adquieren demasiada importancia la moderna pintura objetiva, los museos y los conciertos.

Hay una vacuidad, una sensación de vacío interno que siempre esta buscando la autoexpresión y lo que produce placer, creando así temor de no lograrlo por completo. Hay resistencia, agresividad y todo lo demás. Procedemos a llenar ese vacío interior y esa sensación de completo aislamiento y soledad que estoy seguro todos ustedes han sentido con libros, con conocimientos, con relaciones, con toda clase de tretas, pero al final, aun está ese vacío que no se puede llenar. Entonces acudimos a Dios, el último recurso.

¿Es posible el amor, la belleza, cuando existe esta vacuidad, esta sensación de vacío insondable? Si uno es consciente (aware) de ese vacío y no escapa de él, ¿qué ha de hacer entonces? Hemos intentado llenarlo con dioses, conocimientos, experiencias, con musica, con cuadros, con extraordinaria informacion tecnológica; en eso estamos ocupados de la mañana a la noche. Uno se da cuenta de que ninguna persona puede llenar ese vacío. Vemos la importancia de esto. Si usted lo llena con eso que llamamos relación con otra persona o con una imagen, entonces viene la dependencia y el miedo de perderla; luego, la posesión agresiva, los celos y todo lo que sigue. Así que uno se pregunta: ¿Puede llenarse jamas ese vacío con alguna cosa, con la actividad social, con buenas obras, yendo a un monasterio a meditar o estando consciente (aware)? Esto también es un absurdo.

Si uno no puede llenar ese vacío, ¿qué va a hacer entonces? ¿Comprende la importancia de esta pregunta? Uno ha tratado de llenarlo con lo que se llama placer, con la autoexpresión, con la búsqueda de la verdad, de Dios; comprende que nunca podra llenarse con nada, ni con la imagen que ha creado de sí mismo, ni con la imagen o idea que ha creado del mundo, con nada. Y así, uno ha utilizado la belleza, el amor y el placer para disimular este vacío. Y si no escapa más, sino que permanece con él, ¿qué va a hacer entonces? ¿Esta clara la pregunta? ¿Me han seguido ustedes por lo menos un poco?

¿Qué es esta soledad, esta sensación de profundo vacío interior? ¿Qué es y cómo nace? ¿ Es que existe porque estamos tratando de llenarlo o de eludirlo? ¿Existe porque lo tememos? ¿Es sólo una idea de vacío, y por tanto, la mente nunca esta en contacto con lo que ello es en realidad –no sé si ustedes siguen todo esto– porque nunca esta en relación directa con ello?

Veo que ustedes no captan lo que quiero decir.

Descubro este vacío en mí mismo y dejo de huir –pues está claro que escapar es una actividad sin madurez– me doy cuenta de ello; ahi está y nada puede llenarlo. Ahora me pregunto cómo ha nacido este vacio. ¿Lo habrá producido todo mi vivir, todas mis actividades y suposiciones diarias, etc.? ¿Es que el «yo», el «mí», el «ego», o como se le quiera llamar, se esta aislando de sí mismo en toda su actividad? La naturaleza misma del «mí», del «yo», del «ego» es el aislamiento; es separativa. Todas estas actividades han producido este estado de aislamiento, de hondo vacío en mí, de modo que es un resultado, una consecuencia, no algo que sea inherente a mí mismo. Veo que, mientras mi actividad sea egocéntrica y autoexpresiva, tiene que haber este vacío: veo que, para llenarlo, hago toda clase de esfuerzos –cosa que también es egocéntrica– y el vacío se hace más extenso y profundo.

¿Es posible trascender este estado, –no escapando de él ni diciendo, «no seré egocéntrico»? Cuando uno dice «no seré egocéntrico», ya lo es. Cuando ejercemos la voluntad para negar la actividad del «yo», esa misma voluntad es factor de aislamiento.

La mente se ha condicionado a través de siglos y siglos en su urgencia de seguridad y protección; ha creado, tanto fisiológica como psicológicamente, esta actividad egocéntrica que impregna su vida diaria en «mi familia», «mi empleo» «mis posesiones», y eso produce este vacío, este aislamiento. ¿Cómo va a terminar esta actividad? ¿Puede terminar alguna vez? ¿O tiene uno que rechazarla totalmente y dotarla de otra cualidad del todo distinta?

Me pregunto si están ustedes siguiendo todo esto. Veo este vacío, cómo ha surgido en mí. Comprendo que la voluntad o cualquier otra actividad ejercida para desechar al creador de este vacío es sólo otra forma de actividad egocéntrica. Eso lo veo muy claramente, objetivamente, y de pronto me doy cuenta de que no puedo hacer nada sobre ello. ¿Comprenden? Antes hice algo en relación con este vacío, escape o traté de llenarlo, me esforcé por comprenderlo y penetrarlo, pero todas esas son otras formas de aislamiento. Así, pues, subitamente comprendo que no puedo hacer nada: que cuanto más trato de hacer sobre ello, tanto más estoy creando y construyendo murallas de aislamiento. La mente misma se da cuenta de que no puede hacer nada, que el pensamiento no puede tocar esto, porque tan pronto lo toca, engendra vacío de nuevo. De manera que observando con cuidado y objetividad, veo todo este proceso, y el mismo hecho de verlo es suficiente. Miren lo que ha sucedido. Antes he utilizado energía para llenar este vacío, he vagado por todas partes, y ahora veo su absurdo, la mente ve muy claro cuán absurdo es todo ello, de modo que ahora no estoy disipando energía. El pensamiento se aquieta; la mente se queda completamente serena: ha visto el mapa completo de esto, y así llega el silencio. En ese silencio no hay soledad. Cuando adviene tal silencio, ese silencio absoluto de la mente, hay belleza y amor, que puede –o no– expresarse.

¿Han seguido esto del todo? ¿Hemos emprendido juntos el viaje? Señora, no diga que sí... Este problema, del cual estamos hablando, es uno de los más difíciles, y más peligrosos, porque, si usted es de algún modo neurótica, como lo somos la mayoría de nosotros, entonces se vuelve complicado y feo. Este es un problema enormemente complejo. Cuando usted examina su extraordinaria complejidad, se vuelve sencillísimo, y su misma sencillez le lleva a usted a decir: «¡Qué simple es!». Y cree que lo ha captado.

De modo que sólo hay dicha plena más allá del placer; y existe la belleza, que no es la expresión de una mente astuta, sino la belleza que se conoce cuando la mente está en completa quietud, en silencio.

Está lloviendo y pueden oír el ruido compasado de las gotas, lo pueden oír con los oídos y pueden oírlo desde el fondo del profundo silencio. Si lo oyen con la mente en completo silencio, entonces su belleza es tal que no puede expresarse en palabras ni en el lienzo, porque esta belleza está más allá de la autoexpresión. El amor evidentemente es bienaventuranza, la cual no es placer.

¿Quieren hablar sobre esto, explorarlo juntos?

Interlocutor: Cuando uno no está consciente todas las viejas respuestas vuelven a la mente. ¿Cómo va uno a impedir o inhibir o dejar de lado las viejas respuestas?

K.: Digámoslo en otras palabras. Tal vez esto nos ayude. Hay estados de inatención y de atención. Cuando están en atención completa la mente, el corazón, los nervios, todo lo que usted posee, en ese momento no vuelven los viejos hábitos, las reacciones mecánicas; el pensamiento no participa de esto. Pero nosotros no podemos sostener esa atención todo el tiempo. De modo que casi siempre estamos inatentos, un estado en que no somos conscientes sin elección alguna.

¿Qué ocurre? Hay inatención y atención en raras ocasiones. Y nosotros tratamos de tender un puente entre una y otra. ¿Cómo puede mi inatención convertirse en atención? O bien, ¿puede haber completa atención todo el tiempo?

La inatención nunca puede convertirse en atención. ¿Cómo podría hacerlo? ¿Cómo puede usted convertir el odio en amor? No puede.

Pero investigue usted los caminos de la inatención, obsérvela, vea cómo crece, dése cuenta de la inatención y no trate de convertirla en atención. No haga nada. ¡Bien! Usted no está atento. ¿Qué pasa? Mírelo con mucho cuidado, dése cuenta de que no está atento, no trate de forzar su estado para convertirlo en atención, y se dará cuenta de que no está atento y entonces cambiará. Pero no puede hacerlo si dice: «quiero darme cuenta de que no estoy atento».

¿Comprende usted lo que digo? Por favor, observelo, no llegue a ninguna conclusión. Primero observe. Hay dos estados: uno es la inatención y el otro, en raros momentos, es la atencion completa, en que el pensamiento no participa en ninguna forma. En esos raros momentos descubrirá algo totalmente nuevo. En esa atención completa hay una dimensión del todo distinta. Si entonces eso llega a ser algo que usted ha conocido, que ha sentido, que guarda en la memoria, si llega a ser un recuerdo y usted se dice a sí mismo: «desearía poder captar eso otra vez, retenerlo, no dejarlo ir», entonces eso es de nuevo el estado de inatención. De modo que dese cuenta del estado de inatención, no de «la manera de estar atento». No haga nada con la inatención. Muy bien, no estoy atento, pero tengo mucho cuidado, lo estoy observando, no trato de darle una forma, no trato de cambiario, me limito a observarlo. *Ese mismo acto de observar es atención..*

Interlocutor: La mayor parte de nuestra vida diaria se vive sólo al nivel de los hechos, especialmente en el caso de los niños, que aprenden a conocer hechos en la escuela. ¿Es esta actividad real, que es diaria y necesaria, un impedimento para la libertad psicológica?

K.: Señor, nada es impedimento para la libertad psicológica. ¡Nada! Un impedimento surge sólo cuando hay resistencia. Si no hay resistencia, entonces no hay problema psicologico. Si usted trata con resistencia, como un obstáculo, el vivir diario –el ganarse la vida, educar los hijos, el fastidio de todo ello, la rutina, la tarea diaria de lavar platos– entonces todo se convierte en un problema. Pero cuando usted se da cuenta de todo este proceso del vivir –con su rutina, sus habitos, su aburrimiento, con sus ansiedades, disgustos, el miedo, la dominación, las posesiones– cuando usted se da cuenta de esto sin elegir nada (no puede hacer usted nada sobre esa lluvia o sobre el perfil de esas colinas) y si puede usted mirar su propia actividad de la misma manera, calladamente, sin ninguna elección, sin resistencia alguna, entonces no hay problema psicológico. De ahí sólo surge entonces la libertad.

CAPÍTULO 7

Los hábitos. La ausencia del amor. Los hábitos y el temor. Los escapes. El observador y lo observado. La naturaleza del pensamiento. Los sueños. El amor.

Lo importante no es acumular palabras, razonamientos o explicaciones, sino más bien producir, en cada uno de nosotros, una honda revolución, una profunda mutación psicológica, para que haya una sociedad de tipo distinto: una relación totalmente diferente entre hombre y hombre, que no se base en la inmoralidad, como ahora. Una revolución así, en el más profundo y completo sentido de la palabra, no se realiza mediante sistema alguno, ni por acción de la voluntad, ni por ninguna combinación del hábito y de la previsión.

Una de nuestras mayores dificultades –¿no es verdad?– es que somos prisioneros del hábito. Y el hábito, aunque sea refinado, sutil, y esté hondamente arraigado y establecido, no es amor. El amor nunca puede ser una cosa de hábito. El placer, como decíamos el otro día, puede convertirse en hábito y en continuada urgencia, mas yo no veo cómo puede volverse hábito el amor. Y el cambio profundo y radical de que estamos hablando ha de venir con esta cualidad de amor, una cualidad que nada tiene que ver con el emocionalismo o el sentimentalismo; no tiene nada que ver con la tradición, con la cultura hondamente arraigada de sociedad alguna. La mayoría de nosotros, como carecemos de esa extraordinaria cualidad del amor, caemos en hábitos «de rectitud»; y los hábitos nunca pueden ser rectos. El hábito no es bueno ni malo. Sólo hay hábito, una repetición, una imitación, un ajuste al pasado y a la tradición, que es resultado del instinto heredado y del conocimiento adquirido.

Si uno va tras el hábito o vive en él, tiene que aumentar inevitablemente el temor, y de esto es que vamos a hablar juntos en la mañana de hoy. Una mente atrincherada en el hábito –y la mayor parte de las nuestras están así– tiene que vivir siempre en el temor. Al decir hábito, no me refiero solo a la repeticion, sino a los hábitos de conveniencia, los hábitos en que uno cae en determinada forma de relación, como la conyugal, como aquella entre la comunidad y el individuo, entre las naciones, etc. Todos vivimos en el hábito, en las tradicionales y bien establecidas líneas de conducta y comportamiento, en las muy respetadas maneras de ver la vida, en las opiniones tan profundamente atrincheradas y arraigadas en forma de prejuicios.

Mientras la mente no sea sensible, alerta y ágil, no será capaz de vivir con la realidad de la vida, que es muy fluida, que está cambiando constantemente.

Psicológicamente, internamente, nos negamos a seguir el movimiento de la vida, porque nuestras raíces están profundamente asidas al hábito y a la tradición, en la obediencia a lo que se nos ha dicho, en la aceptación. Y me parece que es muy importante comprender esto y romper con ello, pues no sé cómo el hombre puede seguir viviendo sin amor. Sin amor nos estamos destruyendo unos a otros, estamos viviendo en fragmentos, un fragmento en agresión contra el otro, en rebelión contra el otro. Y el hábito en cualquier forma que sea, inevitablemente tiene que engendrar el miedo.

Si se me permite sugerirlo, no se limiten, por favor, a aceptar meramente y decir: «Sí, en efecto, vivimos dependientes de hábitos. ¿Qué haremos?», sino más bien dénse cuenta, sean conscientes de los hábitos que tiene cada uno; dénse cuenta, no sólo de los hábitos físicos, como los de fumar, comer carne, beber, sino también de los que están muy arraigados en la psiquis, los que nos hacen aceptar, creer, esperar y desesperar, padecer agonías y penas. Si juntos pudiéramos penetrar en este problema del hábito y también del miedo, para tal vez así llegar a terminar con el dolor, podría entonces existir la posibilidad de un amor que nunca hemos conocido, una dicha que está más allá del contacto del placer.

La mayoría de nosotros seguimos las rutinas del hábito consciente o inconsciente; creemos que los hábitos son correctos e incorrectos, buenos y malos, hábitos de conducta, y otros que no son respetables, los hábitos que la sociedad considera inmorales. Pero la moralidad social es en sí misma inmoral. Ustedes pueden ver eso con bastante sencillez, porque la sociedad se basa en la agresión, en el afán de adquirir, en el sentido de predominio del uno sobre el otro, etc., –el sistema cultural. Hemos aceptado esa moralidad, vivimos de acuerdo con ese patrón moral, lo aceptamos como cosa inevitable, y así se ha convertido en hábito. Cambiar este hábito, ver cuán extraordinariamente inmoral es aunque esa inmoralidad se haya vuelto altamente respetable; ver eso y actuar con una mente que ya no es prisionera del hábito, actuar de un modo distinto por completo, sólo es posible cuando comprendemos la naturaleza del miedo. Con mucha facilidad cambiaríamos cualquier costumbre, nos abriríamos paso a través de cualquier hábito atrincherado, arraigado profundamente, si no hubiera el temor de que, al romperlo, sufriríamos aún más, estaríamos aún más inciertos, más inseguros. Les ruego que se observen ustedes mismos, observen sus propios estados mentales, vean que la mayoría de nosotros romperíamos fácil y felizmente un hábito si, por otro lado, no hubiera temor, ni incertidumbre.

Lo que hace que la mayoría de nosotros nos aferremos a nuestros hábitos, es el temor. Investiguemos, pues, esta cuestión del miedo, no de manera intelectual ni verbal, sino dándonos cuenta de nuestros propios temores psicológicos, examinándolos. Es decir, demos espacio al temor para que pueda florecer y observémoslo en su florecimiento mismo. Miren, el temor es un fenómeno muy extraño, tanto en lo biológico como en lo psicológico. Si pudiéramos comprender los miedos psicológicos, entonces podríamos remediar, comprender con facilidad los biológicos. Por desgracia, nos mueven rápidamente los temores físicos y descuidamos los psíquicos; nos amedrentan mucho la enfermedad y el dolor; la mente toda se intranquiliza y no sabemos cómo arremeter contra ese dolor sin producir una serie de conflictos en la psiquis, dentro de uno mismo. Por el contrario, si uno pudiera empezar con los temores psíquicos, entonces acaso los físicos podrían comprenderse y tratarse con cordura.

Es obvio que para observar el temor, no puede haber escape alguno. Todos hemos cultivado medios de escape para eludir el miedo. El hecho de eludirlo no sirve más que para aumentarlo. También esto es muy sencillo. De modo que lo primero es ver que huir del temor es una forma de temor. Cuando lo evitamos, sencillamente le volvemos la espalda, pero siempre está ahí. Comprendan, pues, –no de manera verbal ni intelectual– comprendan en realidad que no es posible eludirlo, está ahí, como una lengua ulcerada, como una herida; no podemos evitarlo. Está ahí. Este es un hecho. Entonces ustedes tienen que dar espacio al miedo para que florezca, como dejarían espacio para que floreciera la bondad. Tienen que dejar espacio para que el temor salga a la superficie. Entonces pueden observarlo.

Ya ustedes saben, si han plantado alguna vid de crecimiento rápido y están interesados en ella, que si vuelven a mirarla al terminar el día, se encuentran con que ya tiene dos hojas; está creciendo rápidamente. Del mismo modo, vea el temor y déle espacio para que quede expuesto a la luz. Esto significa que en realidad no teme mirarlo. Es como una persona que depende de otras porque tiene miedo a estar sola y al depender de otros, lleva a cabo una serie de acciones hipócritas. Dándose cuenta de las actividades de la hipocresía, dejándolas de lado, puede ver lo temerosa que se siente de estar sola; puede estar con ese temor, dejarlo que se mueva, que aumente, mirar su naturaleza, su estructura, su cualidad.

Cuando usted puede mirar el miedo sin eludirlo de ninguna manera, ese miedo tiene una cualidad distinta. (Espero que usted esté haciendo esto, que tome su particular temor, por mucho que lo haya alimentado, por mucho que lo haya evitado cuidadosamente, y que lo esté mirando ahora sin recurrir a ningún escape, sin juzgarlo, condenarlo, ni justificarlo). Luego surge la cuestión –si es que uno llega tan lejos– sobre «quién» es el que está observando el temor. Tengo miedo de –no importa lo que sea– la muerte, de perder mi empleo, de envejecer, miedo de una enfermedad; tiene uno miedo y no lo rehuye, ahí está. Lo miro, y para mirar cualquier cosa, tiene que haber espacio. Si estoy muy cerca de ella, no puedo verla. Y cuando miro el temor y le doy espacio y libertad para mantenerse vivo, ¿quién está entonces mirando el temor? ¿Quién es el que dice: «no he escapado del miedo, lo estoy mirando, no desde muy cerca, para que pueda desarrollarse, para que pueda vivir, y no lo estoy sofocando con mi ansiedad?» ¿Quién es entonces el que lo está mirando? ¿Quién es el «observador», siendo el temor la cosa observada?

El «observador» es, desde luego, la serie de hábitos, la tradición que «él» ha aceptado y dentro de la cual vive; «él» es la norma de conducta, la creencia o la inclinación a evitarla: el observador es eso. ¿no es así? Es la entidad cultivada, la mente cultivada, estilizada, sistematizada. que funciona en el hábito; es el «observador» el que está mirando el temor; por lo tanto, «él» no lo está mirando directamente, en absoluto. Lo mira con la cultura, con la ideología tradicional, de modo que hay conflicto entre «él» (con todo su trasfondo y condicionamiento), entre «él», la entidad, y la cosa observada: el temor. «Él» está mirándolo indirectamente, buscando razones para no aceptarlo, y hay así una constante batalla entre el observador y la cosa observada. Lo observado es el temor, y el «observador» lo mira con el pensamiento, que es la respuesta de la memoria, de la tradición, de la cultura.

Uno tiene entonces que comprender la naturaleza del pensamiento. (¿Podemos examinar ésto? Miren, es una cosa muy sencilla; espero que yo no la esté haciendo complicada). No sé lo que va a pasar mañana. Podría perder el empleo, no sé, cualquier cosa puede pasar. Así que tengo miedo del mañana. Es el pensamiento lo que ha producido este miedo. Dice: «Podría perder mi puesto, mi esposa podría abandonarme, puede que esté solo, tal vez tenga aquél dolor que tuve ayer, etc.». El pensamiento, el pensar sobre el mañana y tener la incertidumbre del futuro crea temor. Esto está bastante claro, ¿no?

Si algo inmediato produce una sacudida, sin tiempo para que intervenga el pensamiento, no habrá temor. Es sólo cuando hay un intervalo entre el incidente y la reacción que el pensamiento puede intervenir y dice: «tengo miedo». Se tiene miedo a la muerte, ese miedo a la muerte es el hábito, la cultura en que nos hemos criado. Así, que por ejemplo, dice el pensamiento: «moriré algún día. ¡Por Dios! No pensemos en ello. Alejémoslo de la mente». Pero el pensamiento está atemorizado, ha creado una distancia entre sí mismo y ese día inevitable, por lo cual tiene miedo. De modo que para comprender el temor, uno tiene que penetrar en toda la estructura y naturaleza del pensamiento.

Ahora bien, resulta muy sencillo ver lo que es el pensamiento. El pensamiento es la respuesta de la memoria; experiencias a millares que han dejado un residuo, una huella en las mismas células cerebrales. Y el pensamiento es la respuesta de esas células. Es algo muy material. ¿Puedo yo entonces, puede el observador mirar el temor sin invocar o incitar el pensamiento con todo su trasfondo de cultura y de explicaciones? ¿Puedo yo mirar el miedo sin todo eso? ¿Habrá miedo entonces? (No sé si están siguiendo todo esto).

En primer lugar, uno está asustado, por que no ha observado el miedo, lo ha eludido a toda costa. El evitarlo sólo sirve para crear miedo, conflicto y lucha, lo que produce varias formas de acción neurótica, violencia, odio, dolor, etc. Ahora bien, cuando en la observación no interviene el pensamiento, uno tiene que ser muy sensible. tanto física como psicológicamente; pero esto es imposible cuando uno actúa dentro de los límites del pensamiento. Ir más allá del pensamiento, lo cual es lo «imposible» para la mayoría de nosotros, implica descubrir si es «posible» estar libre en absoluto del pensamiento.

¿Podemos seguir? ¿Nos estamos comunicando unos con otros? Lo siento. Si no podemos, es inútil.

La mayoria de nosotros somos muy insensibles físicamente porque comemos demasiado, fumamos, nos entregamos a varias formas de deleites sensuales –no es que no debamos hacerlo– la mente se amodorra de esa manera y cuando la mente se embota. el cuerpo se embota aún más. Éste es el patrón en que hemos vivido, Ustedes ven lo difícil que es cambiar de régimen alimenticio, estamos acostumbrados a una dieta particular que satisface el gusto, y tenemos que repetirla continuamente; si no lo conseguimos, creemos que vamos a enfermar, nos asustamos, etc.

El hábito físico produce insensibilidad. Evidentemente un hábito de drogas, de bebidas alcohólicas. de fumar, cualquier hábito tiene que insensibilizar el cuerpo, y esto afecta la mente. La mente, que es en sí la percepción total, tiene que ver con mucha claridad, sin confusión, y en ella no debe haber conflictos de ninguna clase.

El conflicto no es sólo desperdicio de energía; además, embota la mente, la vuelve perezosa, pesada, estúpida. Una mente así, presa del hábito, es insensible. Por esta insensibilidad, por este embotamiento, no aceptará nada nuevo, porque tiene miedo a aceptar algo nuevo como una idea, una ideología o una nueva formula (sería el colmo de la estupidez. de la idiotez). Al darnos cuenta de cómo todo este proceso de vivir en el hábito produce la insensibilidad, incapacitando la mente para comprender, percibir y moverse con rapidez, empezamos a ver el temor como es realmente. Viendo que es producto del pensamiento, entonces nos preguntamos si podemos mirar cualquier cosa sin que funcione toda la maquinaria del pensamiento. No sé si usted ha mirado alguna vez una cosa sin poner a funcionar esa maquinaria. Ello no significa que soñemos despiertos, no quiere decir que usted se vuelva inseguro, que vague por ahí en una especie de sordo estupor; al contrario, implica ver toda la estructura del pensamiento –el pensamiento mismo– que tiene cierto valor a determinado nivel, y ningún valor a otro nivel. Mirar el temor, mirar el árbol, mirar a su esposa o a sus amigos, mirar con ojos que el pensamiento no haya tocado en absoluto… Cuando usted haya logrado esto, dirá que el temor no tiene realidad alguna, que es producto del pensamiento y como todos los productos del pensamiento –excepto los de la tecnología– carece de toda validez.

De modo que, mirando el temor y dejándolo en libertad, termina el temor. Uno espera ver la verdad, escuchando todo esto en esta mañana, escuchando, otorgando auténtica atención, no a las palabras o a los razonamientos, no a su secuencia lógica o ilógica, etc., sino escuchando efectivamente. Y si usted ve la verdad de esto, de lo que se está diciendo, al salir de este edificio, estará libre del temor.

Ya saben, este mundo está tiranizado por el miedo, y éste es uno de los más monstruosos problemas que tiene cada uno de nosotros. Miedo de ser descubierto, miedo de arriesgarse, miedo de que se repita lo que dijo usted hace años, y está usted nervioso y miente. Tiene que conocer la extraordinaria naturaleza del temor y saber que cuando vive uno en el temor, vive en tinieblas. ¡Es una cosa terrible! Lo percibe uno, pero no sabe qué hacer con él; con el miedo a la vida, el miedo a la muerte, el miedo a los sueños.

En cuanto a los sueños, uno siempre ha aceptado como normal que debe tener sueños, ha aceptado como hábito que uno tiene que soñar, que es inevitable; y ciertos psicólogos han dicho que si uno no sueña se volvería loco. Es decir, se afirma que lo imposible es no soñar nada. Y nunca se pregunta uno: «¿Por qué tengo que soñar? ¿Para qué soñar?» No se trata de qué son los sueños y cómo han de interpretarse, cosa que se vuelve muy complicada y que en realidad tiene muy poco sentido. Pero ¿puede uno descubrir si hay alguna posibilidad de no soñar, para que, cuando uno duerma lo haga plenamente, en completo descanso, para que a la mañana siguiente la mente despierte fresca, sin haber pasado por toda la batalla? Yo digo que es posible.

Como hemos dicho, encontramos lo posible sólo cuando vamos más allá de lo «imposible», ¿Por qué soñamos? Soñamos porque durante el día la mente consciente, la superficial, está ocupada –por favor, no estamos usando términos técnicos, sólo palabras ordinarias, ninguna jerga especial– la mente está ocupada durante el día en el empleo. en ir a la oficina, a la fábrica, en cocinar, lavar platos; ya saben, está ocupada superficialmente, y la capa más profunda de la conciencia está despierta, pero incapacitada para informar a la mente consciente, pues esta última está ocupada en cosas superficiales. Esto es sencillo.

Cuando usted duerme, la mente superficial está más o menos callada. pero no por completo. Tiene la preocupación de la oficina, de lo que usted le dijo a la esposa y el sermoneo de ésta –ya sabe, los temores– pero se encuentra bastante callada. Sin embargo, dentro de esta relativa quietud, el inconsciente proyecta las insinuaciones de sus propias exigencias, de sus propios anhelos, de sus temores, los cuales son traducidos por la mente superficial en forma de sueños. ¿Ha experimentado usted con esto? Es bastante sencillo.

No es muy importante interpretar sueños o decir que usted tiene que soñar; pero, si puede, descubra usted si hay posibilidad de no soñar en absoluto. Sólo es posible siempre y cuando usted se dé cuenta durante el día de todo el movimiento del pensar, si percibe sus motivaciones, la forma cómo camina, cómo habla, lo que dice, por qué fuma, las implicaciones de su trabajo, si se da cuenta de la belleza de las colinas, de las nubes, de los árboles, del barro en el camino y la relación de usted con otra persona. Dése cuenta, sin ninguna elección, de modo que esté observando,observando, observando; y dése cuenta de que en eso hay también inatención. Si procede usted así durante todo el día, se le vuelve la mente extraordinariamente aguda, alerta, no sólo la superficial, sino la conciencia completa, el total de ella, porque no deja que escape ningún pensamiento secreto, no hay un rincón de la mente que no sea tocado.,que no quede al descubierto. Y después, cuando se va en efecto a dormir, la mente está extraordinariamente tranquila, no sueña nada y prosigue una actividad muy distinta. La mente, que ha vivido con intensidad completa durante el día, ha despertado toda la cualidad de la conciencia porque se ha dado cuenta de sus palabras y al cometer un error, está consciente de ello, no dice: «no debo» o «tengo que combatirlo»; está con él, lo mira, se ha dado cuenta de él completamente. Cuando se va a dormir, ya ha desechado todas las viejas cosas de ayer.

El temor (¿No les estaré adormeciendo con mis palabras?), no es un problema insoluble. Cuando se comprende el temor, se comprenden también todos los problemas relacionados con ese temor. Cuando no hay miedo, hay libertad. Y cuando existe esta libertad interna, psicológica, total, y no hay dependencia alguna, entonces la mente no queda tocada por ningún hábito. ¿Sabe usted? El amor no es hábito, no puede cultivarse; los hábitos, sí pueden cultivarse, y para la mayoría de nosotros, el amor es algo que está muy lejos; nunca hemos conocido su cualidad, ni conocemos si quiera su naturaleza. Para dar con el amor, tiene que haber libertad. Cuando la mente está en completa calma, dentro de su propia libertad, entonces surge lo «imposible», que es el amor.

CAPÍTULO 8

Lo inexpresable. Lo conocido. La aceptación, la autoridad y la fórmula. El dolor. El pensamiento. El morir y el vivir. La vida de bienaventuranza.

Creo que todo ser humano desea alguna experiencia trascendente, alguna emoción o un estado mental que no esté preso en la monotonía cotidiana, en la soledad y el fastidio de la vida. Todos queremos un objeto por qué vivir. Queremos dar un significado a la vida, porque la encontramos más bien aburrida, llena de turbulencia, y al parecer, sin sentido; por eso inventamos un propósito, una significación, llenamos la vida de palabras, de símbolos, de sombras. La mayoría de nosotros aceptamos involuntariamente una vida superficial, pero rodeándola de gran misterio.

Existe un misterio –algo muy increíble– que no puede ser apresado por una creencia, por una experiencia ni por ningún anhelo. Hay un «misterio» –en realidad no debería usar esa palabra– hay algo que no puede expresarse en palabras; no tiene nada que ver con el sentimiento, ni con una explosión emotiva y sólo puede advenir cuando no estamos presos en lo «conocido». Pero la mayoría de nosotros no sabemos siquiera lo que es «lo conocido» y así, sin comprender fundamentalmente nuestra naturaleza con sus crudos instintos animales, su violencia y agresividad, tratamos de alcanzar mentalmente o por algún proceso meditativo, una visión, un sentimiento de «algo diferente». Creo que esto es lo que muchos buscamos a tientas, no importa lo que seamos, comunistas o católicos o adeptos de alguna pequeña secta que tomamos como entretenimiento. Todos queremos algo que sea increíblemente bello, inviolable, que no se halle sujeto en la red del tiempo.

Estamos presos en lo «conocido»; y «lo conocido», el conocimiento de nosotros mismos, es muy difícil de comprender. ¡Es tan difícil mirarnos a nosotros mismos cara a cara, sin que medie ningún prejuicio, ninguna opinión, ningún juicio, simplemente mirarnos tal como somos! Hemos heredado del animal, del mono, todos los instintos y reacciones; hemos crecido con todas las tradiciones y culturas; esas son las cosas que no nos gusta mirar; esas cosas constituyen lo «conocido».

¡Si sólo pudieramos mirar dentro de nosotros mismo! Muchos de nosotros, por desgracia, no parecemos dispuestos a hacerlo. Queremos hallar algo extraordinariamente bello, algo noble, pero sin querer admitir lo que es, lo real conocido consciente o inconscientemente, aunque la mayoría de nosotros no lo sabemos. ¡Tenemos tanto miedo de ir más allá de esto «conocido»! Para ir más allá, tenemos que examinarlo, tenemos que estar en completa intimidad y familiarizarnos con ello, comprender su estructura y naturaleza. La mente no puede trascender los hechos de lo conocido si no los ha comprendido y vivido totalmente, por completo, en íntimo contacto con los movimientos del pensamiento y del sentimiento, con la brutalidad, con los instintos animales. Sólo entonces puede uno ir más allá y encontrar algo que puede llamarse la verdad, y una belleza que no está separada del amor; un estado, una dimensión diferente, donde hay un movimiento siempre nuevo, fresco, joven, decisivo.

¿Por qué estamos tan inclinados a aceptar? No importa lo que sea. ¿Por qué accedemos tan fácilmente y decimos que «sí» a las cosas? Seguir es una de nuestras tradiciones; como los animales en una manada, todos seguimos al líder, a los maestros y gurús, y por eso existe la «autoridad». Donde hay autoridad, evidentemente tiene que haber miedo. El miedo da cierto impulso y la energía para triunfar, para, lograr algo prometido, como la esperanza, la felicidad, etc. ¿Es posible, pues, no aceptar nunca, sino examinar, explorar?

Ya sabemos, cuando usted está sentado ahí, y el orador está arriba, en el estrado, una de las cosas más difíciles es no concederle cierta autoridad. De modo inevitable, esta relación (lo alto y lo bajo, físicamente hablando) produce cierto grado de aceptación; «Usted sabe, nosotros no sabemos»; «usted nos dice lo que hay que hacer, nosotros lo seguiremos, si podemos». Y esto, me parece, es la acción más destructiva que jamás pueda emprender una mente: seguir a *cualquiera*, imitar un patrón establecido por otro. Una fórmula impuesta por otro lleva inevitablemente al conflicto, a la desdicha, a estar psicológicamente amedrentado. Y así es como vivimos. Parte de esa armazón de autoridad se apoya en la aceptación de la forma en que vivimos y en el hecho de no poder trascenderla. Queremos que otro nos diga lo que debemos hacer.

Para examinarnos como somos realmente –y esa realidad es en efecto más bien ilusoria– necesitamos humildad; no la severa humildad cultivada por un hombre vanidoso, no esa severidad del sacerdote o del disciplinante. Necesitamos humildad para mirar de otro modo. No somos humildes por naturaleza. Somos más bien arrogantes, creemos saber mucho. Cuanto más envejecemos, tanto más arrogantes llegamos a ser, más audaces. No hay humildad donde hay un juicio, una valoración, una hipótesis de lo que deberíamos ser, una ideología, una fórmula.

Uno de nuestros mayores problemas es el dolor. Hemos aceptado el dolor como una forma de vida lo mismo que hemos aceptado la guerra como una forma de vida –guerra, no sólo en el campo de batalla, sino guerra dentro de nosotros mismos– la perpetua lucha, tanto interna como externa. Hemos aceptado el dolor como un modo de vivir, pero nunca nos hemos preguntado si es del todo posible terminar con él por completo.

Me pregunto por qué tenemos que sufrir. Sufrimos, tal vez, porque no estamos bien físicamente, sentimos mucho dolor y quizás sin remedio; o el dolor es tan agudo, tan penetrante, que nos quita toda razón. En eso hay gran dolor, como lo hay en todo caso de enfermedad, de incapacidad física, de envejecimiento físico acompañado de la pena y el miedo a la vejez. Luego están todo el dolor y la afliccion en el campo psicológico de la existencia; la pena que nos invade cuando no tenemos amor y queremos ser amados, cuando no hay caridad, cuando no podemos mirar lo que es con ojos inmaculados. Hay el dolor de la ignorancia –no de los libros, ni de la técnica; las máquinas calculadoras están extraordinariamente bien informadas, pero son máquinas ignorantes– la ignorancia con respecto a la comprensión de uno mismo, de lo que uno es, en realidad. Esa ignorancia causa gran dolor, no sólo dentro de uno mismo, sino en toda la comunidad, en la raza, en los pueblos del mundo. Hay el dolor de aceptar el tiempo como medio de logro, de ganar alguna bendición en el futuro. Y hay, desde luego, el dolor de una vida que termina, de la muerte, la muerte de otro, la de uno mismo.

La pena del padecimiento físico, el dolor de no amar y las frustraciones de la autoexpresión, el dolor del mañana que nunca llega, el dolor de vivir en el mundo de lo conocido y de estar siempre atemorizado por lo desconocido –esa es la forma en que vivimos. Hemos aceptado tal manera de vivir, y esta aceptación misma crea una barrera para trascenderla. Sólo cuando la mente no acepta, si no cuando está siempre interrogando, dudando, inquiriendo, descubriendo, puede enfrentarse a, lo que en realidad «es», tanto externa como internamente. Quizás entonces pueda ir más allá de este perpetuo sufrimiento del hombre.

Exploremos, pues, juntos, y averiguemos si es posible acabar con el dolor, no verbalmente, intelectualmente o por medio de la razón. El pensamiento nunca puede terminar con el dolor; sólo puede engendrarlo. Pensar es invitar al dolor. El pensamiento, la capacidad intelectual de razonar, por muy cuerda que sea, no da fin al dolor; para lograr esto debemos tener una capacidad del todo distinta –no cultivada en el tiempo– la capacidad para observar.

¿Por qué sufrimos? Primeramente, observemos el sufrimiento psicológico, el dolor, la soledad, la pena, la ansiedad, el miedo, los pasajeros entusiasmos que engendran sus propias dificultades. Si podemos comprender esos dolores psicológicos, entonces tal vez podamos tratar el dolor físico, la enfermedad del cuerpo y la vejez, en que hay incapacidad, decaimiento de la energía, falta de impulso, etc. Investigaremos primero el dolor psicológico y entonces, en el acto mismo de comprender éste, se comprenderá también el problema físico. ¿Que es el dolor? ¿Qué diría usted? Seguramente que usted ha tenido dolor, el dolor que se expresa en lágrimas, en una sensación de aislamiento, una sensación de estar fuera de toda relación humana, el dolor que implica mucha lástima de uno mismo. Si mira usted en su interior y hace esta pregunta: ¿qué es el dolor?, me gustaría saber cómo respondería. No estamos preguntando lo que es el dolor físico, sino qué es el sentimiento de aflicción, el sentimiento de extrema desdicha, de impotencia, de estar frente a una pared en blanco.

Yo me pregunto qué significará para usted el dolor. ¿O es que lo elude y nunca se pone en contacto con él de algún modo? Evitarlo es en sí otra forma de dolor, y eso es lo único que sabemos. Por ejemplo, consideremos la muerte, el morir. El mismo hecho de eludir esa palabra, de nunca prestarle atención, de nunca encararse con lo inevitable, el hecho mismo de eludirla es –¿no es cierto?– una forma de dolor, una forma de miedo, que crea el dolor mismo. ¿Qué es, pues, el dolor? Por favor, no espere usted que le dé una explicación.

La mayoría de nosotros hemos sentido dolor de varias maneras. La urgencia de autoexpresión y la incapacidad para lograrla, engendra dolor. Querer ser famoso y no tener la capacidad de lograr fama, eso también trae dolor. El dolor de la soledad, la de no haber amado y de querer siempre que se nos ame; el dolor de abrigar una esperanza del futuro y de nunca tener la certeza de esa esperanza... ¡Por favor, mírelo usted mismo! No espere que el que habla le haga la descripción del dolor.

La mayoria de nosotros sabemos lo que es el dolor: una emoción frustrada, soledad, aislamiento, una sensación de estar desgajados de todo, una sensación de vacío, la completa incapacidad para hacer frente a la vida y la lucha incesante: todo eso engendra dolor. Nos damos cuenta de ello y decimos. «El tiempo lo curará», «lo olvidaremos», «se producirá algún otro incidente que será más importante, una experiencia que será mucho más real» Y así estamos siempre huyendo del hecho real del dolor a través del tiempo. Es decir, uno vive recordando los agradables días que ha tenido en el pasado, trayendo a la memoria placenteras experiencias: uno vive con eso, que es vivir en el tiempo. Y también vivimos en el porvenir; eludimos el dolor que está ahí, en 1a realidad y vivimos con alguna futura ideología, una futura esperanza, una creencia.

Nunca hemos podido escapar de este ciclo. nunca hemos podido terminarlo y abrirnos camino a través de él; al contrario. todo el mundo occidental rinde culto al dolor. Entre en cualquier iglesia y verá adorar el dolor. En Oriente lo explican mediante varias palabras sánscritas que, realmente, no tienen ningún sentido, como la ley de causa y efecto, por la cual uno sufre, y así sucesivamente. Cuando uno se da cuenta de todo esto, cuando lo ve con mucha claridad, cómo es en efecto, cuando lo palpa y lo prueba, entonces uno mismo se pregunta si es posible trascender todo ello. Y ¿cómo va usted a trascenderlo?, Esta es en realidad una pregunta muy importante que cada uno de nosotros tiene que contestarse a sí mismo.

Mire, cuando usted ve por primera vez esas montañas, distantes, majestuosas, elevadas por completo sobre toda la fealdad de la vida; la belleza del entorno y la luz de la puesta del sol sobre ellas, entonces su misma magnificencia tiende a silenciar la mente. El efecto de esto lo deja atónito. Y el silencio que producen esas colinas, montañas y verdes valles es completamente artificial. Sucede como en el caso de un niño con un juguete. El juguete absorbe el interés del niño, y cuando ha jugado bastante con él y lo ha roto, pierde interés por el mismo. Entonces se vuelve vagabundo, travieso. Del mismo modo somos despertados por algo grande, por algún gran reto, una gran crisis, que nos silencia de repente, pero entonces salimos de ese silencio –que puede durar pocos minutos o pocos días– y volvemos otra vez al mismo estado.

He ahí este enorme hecho del dolor que el hombre nunca ha podido trascender; puede escapar por medio de la bebida, por medio de todas las diversas formas de evasión, pero eso no es trascenderlo, eso es eludirlo. Bueno, ahí está el hecho real como el hecho de la muerte o el del tiempo. ¿Puede usted mirarlo en completo silencio? ¿Puede mirar su propio dolor en completo silencio? No de manera que la cosa sea tan grande, de tal magnitud, de tal complejidad, que lo aquiete a la fuerza, sino de otra manera: ¿Puede usted mirarlo, aún conociendo su magnitud, sabiendo cuán extraordinariamente complejos son la vida, el vivir, y la muerte? ¿Puede mirar esto con toda objetividad y en silencio? Creo que ésta es la salida. Uso la palabra «creo» en forma vacilante, pero en realidad esa es la única salida.

Si la mente no está en silencio, quieta, ¿cómo puede comprender algo? ¿Cómo puede captar, mirar, estar en completa intimidad y familiarizada con la muerte, con el tiempo o con el dolor? Y, ¿qué es eso que dice: «estoy apenado», «soy desdichado», «he pasado días en conflicto, en sufrimiento, en completa desesperación»? ¿Qué es esa cosa que sigue repitiendo: «no puedo dormir», «no me he sentido bien», «soy ésto, soy aquéllo», «soy infeliz», «usted no me ha mirado», «usted no me ha amado»? ¿Qué es esa cosa que sigue hablándose a sí misma? Seguramente, es el pensamiento.

Volvemos a esta cosa primaria, el pensamiento, que ha buscado el placer y que se ha visto frustrado, que se queja diciendo «He perdido a alguien a quien amaba y me siento solo, desgraciado, lleno de pena», y esto implica tener lástima de sí mismo, compadecerse de sí mismo. Es también el pensamiento, recordando la compañía de que disfrutó, los placenteros días pasados, tras los cuales se ocultaban la soledad, el vacío interior, y el pensamiento empieza a quejarse. «Soy desgraciado». Tal es la naturaleza misma del sentimiento de la propia lástima.

¿Puede, por lo tanto, mirarse usted –usted que es la totalidad de esta compleja entidad: el pensamiento– con lástima de sí mismo, con su dolor, con sus ansiedades, sus temores, su agresividad, su brutalidad, sus exigencias sexuales, sus impulsos; puede usted mirarse por completo en silencio? Y, cuando se haya mirado así, entonces podrá quizás preguntar: «¿qué es la muerte?».

(Se oye en lo alto el ruido de un avión)..¿Escucharon ustedes el sonido maravilloso que produjo el paso del avión, el estruendo del mismo? ¿Puede uno escuchar con esa misma beatitud de silencio el ruido total de la vida?

Si uno puede observar, escuchar, entonces puede honradamente preguntarse: ¿Qué es la muerte? ¿Qué significa morir? Esta no es sólo una pregunta para los viejos, sino para todo ser humano, como cuando uno pregunta: ¿qué es el amor?, ¿que es el placer? ¿qué es la belleza? ¿Cuál es la naturaleza de la verdadera relación humana en la cual no hay interferencia de imágenes? Así también tiene uno que hacer esta pregunta fundamental –como la del amor o la de la belleza–:¿Qué es la muerte? No nos atrevemos a formularla, probablemente por estar algo atemorizados. Uno puede decirse: «Me gustaría experimentar ese estado de ir muriendo, ser consciente en realidad mientras uno muere, y así toma drogas a fin de mantenerse despierto, para observar el momento mismo en que el aliento cesa, porque uno quiere experimentar ese momento extraordinario en que la Vida deja de ser».

¿Qué es, pues la muerte, qué es el morir, llegar al final? No «qué es lo que pasa después», cosa que no viene al caso. Para esto usted puede inventar muchas teorías, creencias, esperanzas, fórmulas. Morir, no de vejez o enfermedad, como cuando todo el organismo se deteriora y uno se escapa. No en ese último momento, sino morir en efecto. cuando uno está vivo, lleno de vitalidad, de energía, de intensidad, con capacidad para explorar. Así, pues, ¿qué es «morir»? –no mañana, sino hoy. ¡Morir para descubrir! Ésta no es una pregunta morbosa.

¿No quiere usted saber, profundamente, usted mismo, con todos sus nervios, su cerebro, con todo lo que posea, no quiere saber lo que significa amar? ¿No quiere saber lo que eso significa, tener esa extraordinaria bendición y saber con la misma avidez, con la misma vitalidad, lo que la muerte es? ¿Cómo va a descubrirlo? Morir implica conocer la cualidad de la inocencia. Más nosotros no somos personas inocentes, hemos tenido miles de experiencias, un millar de años; todo está ahí, en las células cerebrales mismas. El tiempo ha cultivado la agresión, la brutalidad, la violencia, el sentimiento de dominación y... ¡Oh! ¡tantas experiencias! Nuestras mentes no son inocentes, claras, frescas, jóvenes; han sido manchadas, torturadas, distorsionadas.

Para preguntar qué es la inocencia uno tiene que vivirla y saber lo que es la muerte. De seguro, sólo cuando uno muere para todo lo que conoce, psicológicamente, internamente, cuando muere para su pasado, muere con naturalidad, libre y felizmente; sólo en esa muerte hay inocencia, hay una renovación, hay ojos inmaculados. ¿Puede uno llegar a eso? ¿Puede uno desechar con facilidad, sin esfuerzo, las cosas a que se ha aferrado? Los recuerdos agradables y los desagradables, el sentido de «mi familia», «mis hijos», «mi Dios», «mi marido», «mi esposa», y toda la actividad egocéntrica que sigue y prosigue... ¿Puede uno desechar todo eso? Voluntariamente, no por compulsión, por miedo, por necesidad, sino con el reposo que adviene cuando uno observa el problema del vivir –un vivir lleno de contiendas, un campo de batalla. Poner fin a ese problema, salir de él, «estar fuera» de todo lo relacionado con esa forma de vida... ¿Puede uno hacerlo?

Escuche, por favor, la pregunta: ¿Puede uno hacerlo? Usted puede decir: «No, no puedo, no es posible». Cuando afirma que no es posible, lo que quiere decir es que sólo será posible si sabe lo que pasará cuando termine todo eso. Esto es, usted renunciará a una cosa cuando esté seguro de otra. Dice que no es posible, solamente porque no sabe qué es lo «imposible». Y para averiguarlo hay que darse cuenta tanto de lo posible como de lo «imposible», e ir más allá. Entonces usted mismo verá que todo lo que ha acumulado psicológicamente puede desecharlo con mucha facilidad; sólo entonces sabrá usted qué es vivir.

Vivir es morir, morir todos los días para todas las cosas con que ha luchado y las que ha acumulado para la propia importancia, por lástima de sí mismo, para el dolor, el placer y la agonía de este hecho que se llama vivir. Eso es lo único que conocemos y para verlo todo, la mente tiene que estar extraordinariamente callada. En ver precisamente la estructura completa consiste la disciplina; este mismo «ver» nos disciplina. Y entonces tal vez sabremos lo que significa morir; sabremos lo que significa vivir, no esta vida torturada, sino una vida enteramente distinta, una vida que ha nacido de una profunda revolución psicológica, que no implica desviarse de la vida.

Quisiera hablar la próxima vez, si se me permite, de una cosa que es en realidad tan importante como el amor, la belleza del amor y el significado de la muerte: la meditación. Lo que deberíamos hacer, si es posible, es investigar esta cuestión de cómo podemos vivir en forma del todo distinta, de cómo producir esta inmensa revolución psicológica, para que no haya agresión, sino inteligencia. La inteligencia puede estar por encima, tanto de la agresión como de la no agresión, porque comprende el camino de la agresión y de la violencia. Una revolución así crea una vida de la más alta sensibilidad y, por lo tanto, de la más alta inteligencia. Creo que éste es el único problema: cómo vivir una vida de bienaventuranza, de gran intensidad, para que, conociendo la naturaleza misma y la estructura del propio ser –que está arraigado en el animal, en el mono– uno lo trascienda.

CAPÍTULO 9

La meditación. Los "gurús". La carga del conocimiento psicológico. La virtud. La disciplina. La verdad. El amor. El condicionamiento. Lo que es. El observador y lo observado.

Vamos a hablar juntos sobre un problema complejo. La mayoría de nosotros actuamos fragmentariamente: en lo político, religioso, social, individual, familiar, etc. No parece que seamos capaces de descubrir por nosotros mismos una acción que sea total –no fragmentaria– y que responda ampliamente a todos los problemas. Parece que no podemos vivir una vida plena, completa, total y siempre estamos tratando de dar con una acción que de alguna manera nos traiga satisfacción o contento en cualquier cosa que hagamos, ya seamos profesionales, políticos o personas religiosas. Parece casi imposible hallar una actividad que conteste todas estas preguntas sin contradicciones, sin dejar una sensación de insuficiencia.

En la mañana de hoy podemos entrar en un tema que tal vez dé respuesta a esta urgencia por una actividad abarcadora y total en que no haya división ni lucha de una acción contra otra. Vamos a hablar juntos de este tema: la meditación. Acaso algunos de ustedes crean que la meditación es simplemente una entretenida experiencia individual, con el fin de descubrir algo que está más allá de lo que la mente puede medir. Algunos de ustedes podrán creer que no es más que una introducción innecesaria a algo que carece de valor cuando estamos interesados en el vivir diario. Y algunos quizás habrán experimentado ya con sistemas de meditación que proceden del Lejano, Cercano o Mediano Oriente.

Antes de entrar en el tema, creo que deberíamos presentar, como aclaración, ciertas cosas absolutamente necesarias. En primer lugar, tenemos que estar libres de toda hipocresía; no debe haber fingimiento de clase alguna, ni doblez en las normas de la vida, ni doblez en las actividades –eso de decir una cosa y hacer otra–. Toda forma de superchería propia está descartada. ¡Y la mayoría nos balanceamos tan sutilmente entre la hipocresía y el deseo de decir la verdad...! ¡Somos presuntuosos sólo por haber tenido la experiencia de alguna insignificante visioncita o algún estado de emoción que creemos es el fin absoluto de todo!

Así que, ¿es posible que la mente, la totalidad de nuestro propio ser, en acción, en pensamiento, sea honrada completamente, y no hipócrita? Eso es muy importante; el ser hipócrita, en cualquier forma, conduce al propio engaño, a la ilusión. Una mente que quiera descubrir lo que es la verdadera meditación, de ninguna manera debe proponerse esta doblez de normas en la vida, camino por el cual se desliza uno con tanta facilidad al decir una cosa, hacer otra y pensar otra cosa del todo distinta.

En segundo lugar, tiene que haber la más elevada forma de disciplina. A muchos nos disgusta la palabra «disciplina». Creo que esta palabra significa, por su raíz en latín, «aprender», pero hemos representado o interpretado mal su sentido dándole el significado de conformidad, obediencia, imitación. En todo ello está envuelta la represión de los propios deseos, ambiciones y necesidades, para ajustarnos a un patrón o una fórmula, a fin de seguir un ideal. En esto siempre hay conflicto entre *lo que es y lo que debería ser*. Ir en pos de *lo que debería ser*, lleva a la hipocresía. Y –si se me permite decirlo cortésmente– en la mayor parte de los idealistas hay un tinte de hipocresía porque eluden *lo que es*.

Ajustarse a un modelo de *lo que debería ser* conduce al conflicto, a la pugna, a una existencia dual; e inevitablemente lleva al doblez en las normas y a la hipocresía. Cuando usamos la palabra «disciplina», lo hacemos en un sentido del todo diferente. Dijimos que tiene que haber la más alta y completa forma de disciplina sin conformismo, sin represión, sin seguir una ideología y sin crear una existencia doble, dual. Esta disciplina no es compulsión externa ni nada que usted se imponga como una exigencia interior para conformarse a algo, imitar, seguir, obedecer; la disciplina está más bien en el acto mismo de aprender cualquier cosa. Si quiero aprender un idioma, ese idioma requiere que la mente sea disciplinada; el aprender mismo implica disciplina. En eso no hay conflicto alguno. Si no quiere usted aprender un idioma. ahí termina el asunto; pero si, en efecto, quiere aprenderlo, entonces el aprendizaje mismo produce su propia disciplina. Así es que la disciplina en el más elevado sentido, que es la sensibilidad de la inteligencia, tiene que existir. Esa es, pues, la segunda cosa.

En tercer lugar algo que es un poco más complejo es todo este problema de los gurús. Creo que esa voz, en sánscrito, significa «uno que señala». Él no asume ninguna responsabilidad por usted. Esa palabra ha sido mal usada, como muchas otras. El gurú, en la antigüedad, era alguien con quien usted vivía; le decía qué hacer, cómo observar, cómo examinar. Vivía usted con él y con eso tal vez aprendía sin imitarlo, sin ajustarse al modelo que él presentaba, sino *observando*. De ahí se desarrolló toda esta ficción de los gurús.

Por favor, uno tiene que saber esto con alguna profundidad, porque –al proponerse penetrar en este asunto de la meditación, que en sí misma es muy, muy compleja– uno tiene que comprender la necesidad de estar libre de toda autoridad –incluyendo la dequien habla– para que la mente, esa forma más elevada de suprema inteligencia, sea una luz para sí misma. Y esa inteligencia no aceptará ninguna autoridad, ya sea la del salvador, del maestro, del gurú o de cualquiera. Tiene que ser y lo es, una luz para sí misma. Puede que cometa un error, que sufra, pero justamente en el proceso de sufrir, de cometer un error, está aprendiendo y, por lo tanto, se está convirtiendo en una luz para sí misma.

Hay muchos gurús en el mundo, los que se ocultan y los que se presentan abiertamente. Cada uno de ellos promete que, al conformarse a cierto sistema o método, la mente llegará a la realización de lo que es la verdad. Pero ningún sistema o método –que implica imitación, conformismo, inclinación a seguir a otros, y, por tanto, temor– tiene importancia de clase alguna para quien está investigando todo este asunto de la meditación, asunto que requiere una mente muy delicada, inteligente, en extremo sensible. Se supone que el gurú sabe y que usted no sabe. Se le supone muy avanzado en evolución y que por tanto ha adquirido un conocimiento ilimitado a lo largo de muchas vidas, de muchas experiencias de haber seguido a otros gurús superiores, etc. Y usted que está muy por debajo, va a llegar de grado en grado a esa más alta forma de conocimiento. Todo este sistema jerárquico –que existe, no sólo fuera en la sociedad, sino también internamente y aún entre los llamados gurús– es, evidentemente, una ilusión, cuando se está investigando lo que es verdad.

¿De qué valor es el conocimiento –aparte del tecnológico? Tiene que haber conocimiento técnico, científico, no se puede eliminar todo lo que el hombre ha acumulado al correr de los siglos. Ese conocimiento tiene que existir, no es posible que usted y yo lo destruyamos. Los santos y todos los que han dicho que el conocimiento mecánico es inútil tienen su propio prejuicio particular.

Yo puedo tener el conocimiento más profundo de mí mismo; sin embargo, cuando hay acumulación de conocimientos, se empieza a interpretar, a traducir lo que se ve, en términos del propio pasado. Mientras haya esta carga de conocimiento psicológico, de conocimiento interno, no habrá actividad libre. Y existe la diferencia entre el hombre que está libre de esa carga y el que dice que sabe y que le conducirá a otro a ese conocimiento, a esa cosa suprema; y, si afirma que lo ha logrado, entonces desconfíe usted de él por completo, porque un hombre que dice que sabe, no sabe. Y esa es la belleza de la Verdad.

Tiene que haber base para la recta conducta, para la rectitud. Cometemos un error, ponemos una piedra angular que puede no ser resistente; pero pongamos una resistente para que el cimiento sea inquebrantable en virtud. No hay virtud si no hay amor; la virtud no es cosa que deba cultivarse, para convertirla en hábito. La virtud nunca es un hábito, es una cosa viva, y, como no es hábito, su belleza reside en que está siempre viva.

La virtud, pues, no puede tener como cimiento hipocresía alguna, ni el propio engaño, por supuesto. Y tiene que haber la más elevada forma de disciplina, que es una sensibilidad para actuar y comprender rápidamente. La disciplina no es algo que uno convierta en hábito. Tenemos que vigilarla todo el tiempo, cada minuto, cada día. Es que si no levantamos este cimiento, nos vendrá toda clase de calamidades, engaño, hipocresía, ilusión. Y como ya dijimos, toda autoridad (hablamos de la autoridad interna, no de la autoridad de la ley) anclada en el conocimiento, en la experiencia, en el concepto de que hay uno que sabe y el otro que no sabe, sólo sirve para crear arrogancia y falta de humildad, tanto respecto del que sabe como del que trata de seguir a éste. De modo que cuando tenemos esto firmemente, profundamente establecido, entonces podemos proceder a investigar esa cosa extraordinaria llamada meditación.

Para la mayoría de nosotros, la palabra «meditación» tiene muy poco sentido. En Oriente se ha establecido firmemente que la «meditación» envuelve ciertas maneras de pensar, de concentrarse, la repetición de palabras y el acto de seguir sistemas, todo lo cual niega la libertad y la vivacidad de la mente. La meditación no es una desviación o un entretenimiento; es parte de toda nuestra vida. Es tan fundamentalmente importante y esencial como el amor y la belleza. Si no hay meditación, entonces no sabe uno cómo amar, no sabe lo que es la belleza. Y, haga uno lo que quiera (puede uno indagar, ir de una religión, de un libro, de una actividad a otra, tratando siempre de descubrir lo que es la verdad), nunca descubrirá nada, porque la «búsqueda» de la verdad implica que una mente puede hallarla y que tiene la capacidad de decir «esa es la verdad». Pero, ¿sabe uno lo que es la Verdad? ¿Puede reconocerla? Si la reconoce, ya es algo que pertenece al pasado. De modo que la verdad no puede encontrarse buscándola; ha de venir sin ser invitada, o si uno es afortunado, por suerte. La meditación no es una evasión de la vida, no es proceso nuestro, particular, individual, que nos pertenezca.

No hay sendero que conduzca a la verdad. No existe el sendero suyo o el mío. No hay un camino cristiano hacia la verdad, ni un camino hindú tampoco. Un «camino» implica un proceso estático hacia algo que también es estático. Hay un camino desde aquí a ese pueblo próximo. El pueblo está firme allí, arraigado en los edificios, y hay una carretera hasta él. Pero la verdad no es así; es una cosa viva, algo que se mueve, y por eso no puede haber sendero que nos lleve a ella, ni suyo ni mío ni de los otros. Esto ha de estar muy claro en nuestra mente, en nuestra comprensión, pues el hombre ha inventado tantos caminos, ha dicho que usted tiene que hacer esto o aquello para encontrar algo –como los comunistas cuando afirman que el de ellos es el único camino para gobernar a la gente, es decir, tiranía, dictadura, brutalidad, asesinato. Cuando uno ha despejado el campo, ha despejado la cubierta, puede entonces pasar a descubrir lo que la meditación es. Y no es un monopolio del Oriente. (Una de las cosas más monstruosas es decir que existen los que le enseñarán a uno a meditar; eso es evidentemente... ¡no quiero usar adjetivos!)

Procedamos, pues, a descubrir por nosotros mismos –no como individuos, sino como seres humanos que somos, viviendo en este mundo, con toda la extraordinaria complejidad de la sociedad moderna– tratemos de descubrir lo que es el amor. No «encontrarle», sino hallarnos en ese estado de perfección, en esa condición de la mente que no está agobiada por los celos, la desdicha, el conflicto, la lástima de sí mismo. Sólo entonces hay una posibilidad de vivir en una dimensión diferente, que es el amor. Y así como el amor es de importancia inmensa, también lo es la meditación.

¿Cómo vamos (hago esta pregunta, no por casualidad, sino seriamente), cómo vamos a proceder con este problema? El problema, bastante obvio, de que nuestras mentes están condicionadas, de que nuestras mentes están eternamente charlando, nunca en silencio. Tratamos de imponerle silencio, o ello ocurre de manera casual, por suerte. Para encararse a este problema, para aprender, para ver, se requiere una mente serena que no esté dividida, que no está desgarrada, atormentada. Si quiero ver algo con mucha claridad: el árbol o la nube, o el rostro de una persona que está junto al mí, para ver muy claramente sin distorsión alguna, es obvio que la mente no debe estar parloteando. Tiene que estar muy callada, para observar, para ver. Y el ver mismo es accion y aprendizaje.

¿Qué es entonces la meditación? ¿Es posible la meditación (utilizo la palabra con el significado que le da el diccionario, no con el sentido extraordinario que le dan los que creen saber lo que es meditación), es posible considerar, observar, comprender, aprender, ver con mucha claridad, sin ninguna distorsión, oír todo tal como es, sin interpretarlo, sin traducirlo conforme a nuestro propio prejuicio? Cuando usted escucha al pájaro una mañana, ¿es posible escuchar por ejemplo, sin que una palabra surja en su mente, escuchar con atención total, sin decir «¡Qué bella, qué agradable, qué hermosa mañana!» Todo esto significa que la mente ha de estar en silencio, y no puede estar así cuando es afectada por cualquier clase de distorsión. Por eso tenemos que comprender toda forma de conflicto entre el individuo y la sociedad, entre el individuo y el prójimo, entre él mismo y su esposa, sus hijos, su marido, etc. Toda forma de conflicto, a cualquier nivel, es un proceso de deformación. Cuando hay contradicción interna, la cual surge cuando uno quiere expresarse de varias maneras distintas y no puede, emerge entonces un conflicto, una pugna, una pena. Esto trastorna la calidad, la sutileza, la viveza de la mente.

La meditación es comprender la naturaleza de la vida, con su actividad dual, su conflicto: es ver su verdadero significado, su verdad, de modo que la mente se vuelva clara sín distorsión alguna, aunque haya estado condicionada durante millares de años, viviendo en conflicto, en lucha, en combate. La mente ve que la distorsión tiene que producirse cuando sigue una ideología, la idea de lo que debería ser en oposición a lo que es. De ahí viene una dualidad, un conflicto, una contradicción, y, por tanto, una mente atormentada, deformada, pervertida.

Sólo hay una cosa: aquello que es, lo que es, nada más. Al interesarse uno por completo en lo que es, desecha toda forma de dualidad, y por eso no hay conflicto, no hay tortura mental. La meditación es entonces el estado de la mente que ve en realidad «lo que es», sin interpretarlo, sin traducirlo, sin desear que no existiera, sin aceptarlo. La mente puede ver esto únicamente cuando cesa el «observador». (Por favor, es importante comprender esto). Casi todos nosotros estamos amedrentados: hay miedo, y el que desea librarse del miedo es el observador. Este observador es la entidad que reconoce el temor nuevo y lo traduce en términos de los viejos temores que conoció y acumuló del pasado del cual ha escapado. Así pues, mientras existan el observador y la cosa observada tiene que haber dualidad y, por tanto, conflicto. Hay un retorcimiento de la mente, y esa es una de las condiciones más complicadas, algo que tenemos que entender. Mientras exista el «observador», tiene que existir el conflicto de la dualidad. ¿Es posible ir más allá del «observador», siendo éste toda la acumulación del pasado, el yo, el ego, el pensamiento que brota de este pasado acumulado? Bien, la meditación es la comprensión de todo el mecanismo del pensamiento. Espero que, mientras el que habla pone esto en palabras, usted lo estará escuchando y observando con mucha claridad, para ver si es posible eliminar todo conflicto, a fin de que la mente pueda estar totalmente en paz –no contenta, pues el contentamiento surge sólo cuando hay descontento, que es además el proceso de la dualidad. Cuando no hay observador, sino sólo «observar», y, por tanto, no hay conflicto, únicamente entonces puede haber completa paz, –de otro modo, hay violencia, agresión, brutalidad, guerras, y todas las demás formas de comportamiento en la vida moderna.

Así, pues, la meditación es el medio de comprender el pensamiento y de descubrir por uno mismo si el pensamiento puede terminar. Sólo en este caso, cuando la mente está en silencio, es que puede ver en realidad lo que es, sin ninguna distorsión, hipocresía o concepción ilusoria de sí misma. Ahí están esos sistemas y los gurús, etc., que dicen que, para terminar con el pensamiento, uno tiene que aprender a concentrarse, a dominarse. Pero una mente disciplinada en el sentido de haber sido disciplinada para imitar, para someterse, aceptar y obedecer, siempre tiene miedo. Una mente así nunca puede estar en silencio, sólo puede fingir que lo está. Y a ese estado de la mente silenciosa no es posible llegar mediante el uso de ninguna droga ni por la repetición de palabras. Puede uno reducirla al embotamiento, pero no estará en silencio.

Por la meditación se termina con el dolor, con el pensamiento que engendra miedo y dolor –el miedo y el dolor en la vida diaria, cuando uno está casado, cuando entra en los negocios. En el trabajo tiene que usar su conocimiento técnico, mas cuando este conocimiento se usa para fines psicológicos– para llegar a ser más poderoso, ocupar una posición que le dé a usted prestigio, honra, fama –sólo crea antagonismo y odio. No es posible que una mente en ese estado pueda comprender nunca lo que es la verdad.

Meditar es comprender el comportamiento de la vida, es comprender el dolor y el miedo y trascenderlos. Trascenderlos no es simplemente captar de manera intelectual o racional el significado del proceso del dolor y el temor, sino que es ir realmente más allá de ellos. Ir más allá es observar con verdadera claridad el dolor y el miedo como son. Al verlos con suma claridad, el «observador» tiene que terminar.

La meditación implica seguir el camino de la vida, no escapar de ella. Evidentemente, meditar no es experimentar para tener visiones o extrañas experiencias místicas. Como saben, uno puede tomar una droga que dilata la mente, que produce ciertas reacciones químicas y la vuelve altamente sensible. En ese estado sensible usted puede ver las cosas realzadas, pero de acuerdo con sus condicionamientos.

Y meditar no es repetir palabras. Ya saben, ha estado de moda últimamente que alguien le dé a uno una palabra, una palabra sánscrita; la está uno repitiendo y con ello espera lograr alguna experiencia extraordinaria –lo cual es completamente absurdo. Desde luego, que si usted sigue repitiendo una serie de palabras, se embota la mente y, por tanto, se aquieta; pero eso no es meditación en absoluto. La meditación es la comprensión constante de la forma en que se vive, cada minuto, mientras la mente se mantiene extraordinariamente viva, alerta, sin estar agobiada por ningún miedo, ninguna esperanza, ninguna ideología, ninguna pena. Y, si podemos ir juntos hasta este punto (espero que algunos de nosotros hayamos podido llegar en realidad y no en teoría, hasta ahí), entonces entraremos en algo por completo diferente.

Como dijimos al príncipio, uno no puede llegar muy lejos sin poner los cimientos de esta comprensión de la vida diaria, la cotidiana vida de soledad, de tedio, de excitacion, de placeres sexuales, de las urgencias para realizar algo, para autoexpresarse; la vida diaria de conflicto entre el odio y el amor, vida en la cual uno reclama que se le ame; una vida de profunda soledad interna. Si no se comprende todo eso, sin distorsión alguna, sin volverse neurótico; si no se es completa y sumamente sensible y equilibrado; sin esa base usted no puede llegar muy lejos. Y cuando ésta se halla profundamente establecida, entonces la mente es capaz de estar en completo silencio y, por tanto, en completa paz lo cual es muy distinto a estar contento como una vaca. Sólo entonces es posible descubrir si existe algo que esté más allá de lo que la mente puede medir; si existe la realidad, Dios, algo que el hombre ha buscado durante millones de años, algo que ha buscado mediante sus dioses y templos, sacrificándose a sí mismo, convirtiéndose en un ermitaño y creyendo en todos los absurdos y ficciones por los que ha pasado.

Ustedes saben que hasta cierto punto es posible la explicación, la comunicación verbal, pero mas allá de eso no hay comunicación verbal –lo cual no implica que haya alguna cosa misteriosa, metafísica ni parapsicológica. Las palabras sólo existen para fines de comunicación. para comunicar algo que pueda expresarse en palabras o por un gesto.

Pero no es posible poner en palabras lo que esta más allá de todo esto. Describirlo no llega a tener sentido alguno. Lo único que puede uno hacer es abrir la puerta, esa puerta que solo se mantiene abierta cuando *existe* este orden –no el orden de la sociedad, que es desorden– el orden que adviene cuando usted ve realmente «lo que es», sin ninguna distorsion producida por el «observador». Cuando no hay distorsión alguna, entonces hay orden, que en sí mismo lleva su propia disciplina, extraordinaria, sutil. Y lo único que uno puede hacer es dejar abierta esa puerta, venga o no por ella esa realidad. No puede uno invitarla. Y, si uno es muy afortunado por alguna casualidad extraña, puede que venga y dé su bendición. Usted no puede buscarla. Después de todo, así son la belleza y el amor. No puede usted buscarlos; si los busca, llegan a ser simplemente la continuación del placer, que no es amor. Hay una dicha que no es placer. Cuando la mente se halla en ese estado de meditación hay dicha inmensa. Entonces el vivir diario, con sus contradicciones, brutalidades y violencias, no tiene aquí lugar. Pero tiene uno que trabajar de manera muy intensa todos los días, para echar los cimientos; eso es lo único que importa, ninguna otra cosa. De ese silencio, que es la naturaleza misma de una mente meditativa, puede venir el amor y la belleza.

CAPÍTULO 10

La sensación de belleza y amor. La comunicación. La intención y el motivo. La naturaleza de la religión. La comprensión del temor. Lo que es la religión. Lo conocido y lo desconocido. La vida religiosa.

Tiene que habernos ocurrido a muchos de nosotros. Cuando vamos caminando solos por un bosque, y el sol está a punto de ponerse, sobreviene una calma peculiar. No se mueve el aire, los pájaros han cesado de cantar, no se siente ni el movimiento de una hoja, y nos invade una sensación de quietud, de alejamiento. Mientras observamos, mientras sentimos la belleza del anochecer en esa extraordinaria quietud, cuando casi todo parece estar inmóvil, nos hallamos entonces en completa comunión, en completa armonía con todo lo que nos rodea. No hay pensamiento ni palabra, no hay juicio ni valoración, no hay sentido de separatividad. Estoy seguro que usted tiene que haber experimentado todo esto en sus paseos a solas, cuando ha dejado todos sus cuidados, preocupaciones y problemas en casa, y ha seguido una senda a lo largo de un río que está en constante rumor. Su mente se halla muy serena y se siente usted totalmente en paz, con una extraordinaria sensación de belleza y amor, sentimiento que ninguna palabra puede describir.

Estoy seguro de que usted ha tenido semejante experiencia. Pero al describirla, mientras está sentado aquí, al poner en palabras esa quietud peculiar que le viene por las tardes, usted escucha con el propósito de captar esa cualidad; aunque, por tener un motivo, esa cualidad no vendrá. Del mismo modo, un motivo le va a impedir escuchar al que habla. Él está simplemente describiendo algo; no tiene ningún motivo y si usted pretende poseer con un motivo lo que él describe, no importa que lo haga en forma sutil, con envidia o agresión, la comunicación entre el que habla y usted mismo termina entonces. Usted tiene un motivo y el que habla no tiene ninguno. Él se límita a hablar no para divertirlo, no para decirle qué cosa tan maravillosa posee él, suscitando así su envidia, pues también usted quiere tener esa clase de experiencia. En este caso habría incomprensión entre nosotros.

Vivimos en un mundo de incomprensión. Se dice una cosa y usted la interpreta de acuerdo con su trasfondo, con sus deseos, con su compleja naturaleza, y así se crean conceptos falsos. Esta división entre un hecho y la forma en que usted lo interpreta, lleva a la desavenencia. Y ese asunto que vamos a examinar en la mañana de hoy es necesariamente complejo; sin embargo, tiene que expresarse en palabras. Las palabras tienen una forma y un contenido, tanto para usted como para el que habla; y si esa forma y contenido no están muy claros en la mente de ambos, habrá desavenencia y usted puede vivir en un mundo suyo, lejos de lo que se está diciendo.

Tenemos, por lo tanto, que ser muy claros al comunicarnos unos con otros, cómo escuchamos la palabra y la imagen que el signo crea en nuestra mente. Después de todo, uno usa palabras para comunicarse, y si el contenido, la imagen, la forma de la palabra, no son muy claros para nosotros, entonces vivimos en mundos separados. Cada uno la entiende a su manera, lo que puede, o no, ser incomprensión. Asi pues, las palabras llegan a ser extraordinariamente peligrosas, a menos que las usemos sin motivo alguno, como cuando meramente se le dice a usted que el árbol es verde, que el día es hermoso. Pero cuando yo digo. «He tenido la más maravillosa experiencia de la realidad», la intención y el motívo entonces es despertar envidia en usted: «yo la he tenido, usted no; he poseído esta cosa tan valiosa que usted también debe poseer». En este caso, mi motivo es suscitar su envidia, su agresividad, y de este modo tal vez me siga usted o me ponga en un pedestal. Esto está ocurriendo continuamente a nuestro alrededor. Alguien dice: «He llegado a la realidad de Dios», o bien, «He tenido la suprema experiencia». Esto se dice con el motivo (como es evidente. porque de lo contrario no lo diría) de despertar una envidia agresiva en usted. De manera que ambos, el que dice que ha tenido la más maravillosa experiencia y usted. que codicia alcanzarla, viven en un mundo de incomprensión; entonces no es posible comunicarse. Esto está bastante claro.

Del mismo modo, no es posible que su mente esté muy serena si tiene intención o motivo alguno; cuando usted camina por los bosques a solas, entonces no hay palabra, no hay dicho, no hay «observador», con toda la compleja naturaleza de su condicionamiento, sus exigencias, su envidia, su deseo de oprimir y explotar, y todo eso. Se limita a estar allí, caminando tranquilo, sin pensar en sí mismo. No hay «observador», y por ello está totalmente en relación con todo lo que le rodea. En eso no hay separatividad ni división, ni juicio, sino una completa unidad, que tal vez pueda llamarse amor.

Y veamos si esto está claro –la forma en que invariablemente entendemos mal cada palabra con un sentido distinto para cada uno de nosotros, no sólo el contenido esa palabra, sino que cada una de ellas despierta deseos y diversas cualidades emotivas– si esto no ocurre, entonces sólo es posible explorar. Es lo que vamos a hacer, si podemos en la mañana de hoy, dándonos cuenta cada uno de nosotros del peligro de la palabra, de Ia imagen que la mente va a crear de ella, dándole un contenido que puede que no refleje en forma alguna la intención del que habla; dándonos cuenta de que entonces habrá comprensión entre nosotros. Usted se marchará con una impresión y otro individuo le dará un sentido distinto. Y puede ser que el que habla no tenga la intención que usted cree que tiene.

Tenemos que tener mucho cuidado, estar extraordinariamente alertas y ser inteligentes, cuando exploramos la naturaleza de la religión. Cuando usted oye esa palabra «religión», si usted es intelectual en sumo grado, y vive en este moderno, sofisticado mundo, obviamente dirá: «¿Qué tonterías está diciendo? ¿Por qué trae usted aquí esa palabra? Esa palabra no es más que una distracción, una invención de los sacerdotes, de los capitalistas, etc.». De modo que esa palabra «religión» –estamos hablando de meras palabras– despierta en la mente de usted cierto contenido, cierta forma, que usted acepta o rechaza; para el que habla, sin embargo, no tiene ningún sentido en absoluto.

La palabra religión ha sido usada por el hombre en busca de algo permanente durante miles de años. Dice el hombre: «Vivo en este mundo de cosas pasajeras, en este mundo transitorio, de caos, desorden. agresión, violencia, guerras y opresión, en que todo muere; tiene que haber algo que sea eterno». Y así busca con el motivo de encontrar alguna cosa permanente, imperecedera, que le dé esperanzas, porque en este mundo hay desesperación, agonía, y a veces, alegría pasajera; su motivo es hallar alguna clase de consuelo perdurable. Y así encontrará lo que busca, porque ya tiene predeterminado lo que quiere hallar. Esto es bastante sencillo. Cuando uno hace la pregunta «qué es religion», a fin de explorar lo que es, al usar la palabra, ésta no ha de llevar consigo ningún deseo, no debe estar cargada de contenido. Esto también está bastante claro.

Al preguntar «qué es la religión», en el sentido de querer el hombre encontrar una realidad, hay dos maneras de mirar la pregunta: la forma negativa y la positiva. Uno tiene que negar por completo aquello que la religión no es. De otra manera, uno ya tiene una respuesta, ya está condicionado, porque uno se siente totalmente perdido, al no tener dónde agarrarse de forma intelectual, verbal o emocional. No es posible entonces explorar, ya que vivimos en un mundo de incomprensión creado por uno mismo. Y si el que habla dice: «vamos a examinar esta pregunta», «entremos en ella sin ningún prejuicio», y usted no rechaza lo que no es la religión, entonces vive en un mundo de falsos conceptos, y por eso se aleja de aquí con cierta confusión, esperando descubrir la verdad por medio de otra persona. Si esto está claro. entremos en el asunto.

Ante todo, el hombre –desde el mono hasta el individuo más civilizado– se ha preguntado siempre si hay alguna otra cosa fuera de este mundo; este mundo donde hay trabajo, trastorno, desdicha, confusión, pena incesante, conflicto que aumenta y aumenta y aumenta, problema tras problema, guerras, una nación contra otra, un grupo ideológico opuesto a otro. Y así, ve todo esto en lo exterior, y también ve su propia confusión interna, su desdicha, su completa soledad, el ocasional gozo fugaz y el fastidio de la vida. Sólo imagínese un hombre que se pasa 40 años o más yendo todos los días a la oficina; ¡qué completo aburrimiento tiene que ser eso para él, aunque le ofrezca también una extraordinaria forma de escape de sí mismo, de la familia, de la lucha diaria! Ahí está, bien encerrado en competencia con otros, cosa que disfruta, ya que esa es su vida. Y al ver todo esto, desde el principio mismo del tiempo –como los antiguos egipcios, etc– siempre ha preguntado si hay alguna cosa más allá, algo más, algo que pueda llamarse la Verdad, a lo cual se pueda dar un nombre.

Salió el hombre a buscar algo, queriendo encontrarlo, y vinieron los sacerdotes, los teólogos, que le dijeron: «sí, eso existe». O tenían un salvador, un maestro, que les decía lo que hay. Y esa energía que empleó en buscar queriendo encontrar, fue aprisionada y organizada, se creó «una imagen» que llego a ser encarnación de la realidad, etc. La energía que es necesaria para descubrir fue aprisionada, puesta en un marco de creencia organizada, llamada «religión» –con sus rituales, sus sacerdotes, su excitación, su entretenimiento, sus imágenes. Eso llego a ser el medio que tuvo el hombre que utilizar para descubrir. Evidentemente eso no es religión. Ver eso con toda claridad y negarlo por completo, requiere energía. ¿Podemos hacer esto? Como dijimos antes, hay que negar lo que es falso para descubrir lo verdadero. Usted no puede tener un pie en lo falso y vagamente sacar el otro pie para descubrir la verdad.

Podemos ver muy bien que el miedo ha producido esta estructura –la estructura de lo que se llama la «vida religiosa»– el temor de este mundo y de lo que va a pasar después que uno muera, el miedo a la inseguridad.

Como la vida es incierta, nada está seguro, nada es permanente, ni la esposa, ni el marido, ni la familia, ni la nación; aunque tengamos una buena cuenta bancaria, nos durará sólo mientras vivamos. Comprende uno, pues, que no existe en absoluto nada que sea permanente –ninguna relacion, nada– y de ahi nace el temor. El temor es una forma de energía, y esta energía es apresada por los que prometen y dicen: «yo sé y usted no sabe», «he tenido la experiencia y usted no», «esto es real y eso no lo es», «siga este sistema y encóntrará lo que busca». Pues bien, para ver todo eso como *falso por completo*, usted ha de tener energía, y esa energía se disipa cuando no ha comprendido usted el temor. Cuando hay una parte de usted que tiene miedo y otra que dice «he de tener algo perdurable», surge]a contradicción, y esto es un desperdicio de energía.

¿Puede uno, entonces, rechazar completamente toda forma de eso que se llama organización o creencia religiosa? –lo que se ha convertido en un medio de entretenimiento, en una distracción. Cuando uno ve esto con claridad, ¿puede desecharlo por completo, para no ser explotado por nadie que prometa o que diga «he tenido esta experiencia, que es suprema, soy el salvador», de modo que tenga uno la energía y el estado mental que no teme descubrir y que, por lo tanto, no acepta ninguna autoridad, sea la que fuere, incluso la del que ahora habla?

Así que al negar por completo lo que es falso, lo que no es religión, entonces usted puede proceder a averiguar, a explorar lo que podría ser, lo que es –no como una idea– sino lo que es; no de acuerdo conmigo, con usted o con cualquier otro. Si es de acuerdo con el que les habla, entonces usted vive en un mundo de incomprensión que él trata de comunicarle, creando de ese modo más incomprensión. ¿Está esto bastante claro? ¿o se está volviendo algo complicado?

Mire usted, toda forma de conversación o de comunicación es muy difícil, especialmente cuando se trata de algo que es más bien sutil, de la estructura psicológica del pensamiento y sentimiento humanos. A menos que esté consciente internamente, escuchando mientras hablamos, entonces lo que decimos se convierte en insensata verbosidad. Estamos hablando del contenido total de la vida, no sólo de un segmento; estamos hablando de todo el campo de la acción, no de la acción fragmentada.

La religión es una acción completa, total, que abarca toda la vida –no dividida en vida de los negocios, vida sexual, científica y religiosa. Vivimos en un mundo de acciones fragmentadas, que se contradicen unas a otras, y eso no es vida religiosa, eso crea antagonismo, desdicha, confusión, dolor. Por eso uno tiene que explorar y averiguar por sí mismo, no como individuo separado, sino como ser humano, lo que es esta acción completa, cada minuto, donde quiera que se realice –ya sea en la familia o en el mundo de los negocios, o lo que sea, al pintar, al hablar– una acción completa, total, sin ninguna contradicción en sí misma: por lo tanto, una acción que no engendra desdicha. Ese es un modo de vida religioso. Ese es el aspecto positivo. Hemos negado lo que *no* es la religión y estamos diciendo lo que *es*. Entonces, si hay tal acción, hay una vida de armonia, una vida en que se logra la unidad entre hombre y hombre, y no la contradicción ni odio, ni antagonismo. Esto último, según vemos, es lo que las religiones han creado, aunque hablen del amor, aunque hablen de la paz.

La religión es un modo de vida en que hay armonia interior, un sentimiento de unidad completa. Como dijimos antes, cuando usted camina por los bosques en silencio, mientras la luz del sol poniente cubre lo alto de las montañas o una hoja, se establece una completa unión entre usted y el paisaje. No existe usted en absoluto, no hay «palabra», no hay «observador» (que es la palabra y el contenido de la misma, su imagen), no existe el «observador» en absoluto, por lo tanto, no hay contradicción Por favor, no se lance usted a algún estado emocional, especulativo. Esto implica una labor muy intensa: ver con mucha claridad cómo estamos viviendo fragmentariamente, en oposición, en antagonismo mutuo, despertando en el otro agresión, violencia, odio. En ese estado no es posible la unidad, y ésta significa amor. Así, un modo religioso de vivir es por la acción total en que no hay nada de fragmentación, la fragmentación que ocurre cuando existe el «observador», la palabra, el contenido de ésta, su imagen y toda la memoria. Mientras exista esa entidad, el «observador», tiene que haber contradicción en la acción.

No es posible terminar con el odio por medio de su propio opuesto. ¿Comprende usted lo que significa? Si odio a alguien y a causa de este odio, digo: «No tengo que odiar, tengo que amar» el amor será el resultado de aquel odio. Todo opuesto tiene sus raíces en el propio opuesto.

Vivimos en un mundo –no sólo en lo exterior; también internamente– junto a cosas conocidas. Es decir, conozco el pasado de mi propia actividad, conozco a través de mi pasado condicionado; vivo en lo «conocido» es un hecho evidente que no necesita gran explicación. Lo intelectual, lo científico, los negocios, la vida cotidiana, están dentro del campo de lo conocido. Tememos salir de esa dimensión. Sentimos que hay una dimensión distinta, que no es lo conocido. Le tenemos miedo a esto y le tenemos miedo a dejar que se nos vaya lo conocido, lo pasado, lo familiar, lo habitual.

Tememos lo desconocido; ¿podemos estar libres de ese miedo y estar con lo «desconocido» –¿estar? Si le da miedo lo que no conoce, empieza a crear imágenes de ello, tanto externa como internamente. Y entonces hay división: su imagen y la mía, por muy sutil que sea. ¿Puede, pues, la mente permanecer, estar, con lo desconocido, vivir en ello? Porque sólo entonces hay renovación de la vida, sucede algo nuevo. Pero si vive usted siempre en lo conocido –como lo hacemos la mayoría de nosotros– lo conocido proyectado hacia el mañana, y llamándolo usted «lo desconocido», entonces no lo es, sigue siendo lo conocido como idea. En ese campo de lo conocido hay repetición, imitación, conformismo, y por eso hay siempre contradicción.

El «observador» es lo conocido. Cuando miramos un árbol, siempre lo miramos con la imagen de ese árbol, como determinada especie, como algo conocido. Usted mira a su esposa, o a su marido, o a su vecino, con la imagen de lo conocido. Nunca dice: «No conozco a mi esposa o a mi marido». Sin embargo, permanezca en ese estado en que dice: «En realidad no conozco», y vea lo que ocurre en esa relación con su esposa. Entonces usted no acepta, está sensible y alerta a todas las cosas que le están ocurriendo a usted y a ella. En tal caso la relación es del todo diferente, no hay imagen que haya sido creada por hábito, por toda forma de experiencia, etc. –por lo conocido. Y, cuando se vive con otro en un estado mental sin imagen, un estado en que «yo no le conozco a usted y usted no me conoce a mí», la relación llega a ser extraordinariamente creadora. No hay conf]icto. Entonces la relación despierta la más alta forma de sensibilidad e inteligencia.

Así, una vida religiosa es una vida en la existencia diaria de lo «desconocido» –«No sé, no conozco». Me pregunto si se habrá dicho usted alguna vez: «En realidad no sé nada». Usted puede saber algo por medio del conocimiento técnico, usted puede saber leer, etc., pero internamente, psicológicamente, ¿ha dicho usted alguna vez: «No sé» en serio, sin haberse puesto neurótico por ello? Si usted lo ha dicho alguna vez, no verbalmente, sino de hecho, entonces habrá visto que desaparece todo condicionamiento. Decirse «no sé» y vivir ese estado requiere inmensa energía, porque todos los que están a su alrededor actúan en lo «conocido» –su esposa, su marido, todo lo que le rodea está dentro de lo «conocido». Cuando usted dice que no conoce, siempre está en peligro y necesita mucha energía e inteligencia para permanecer en ese estado. Por eso la mente siempre está aprendiendo: y aprender no es acumular.

La vida es acción, vivir significa actuar. La vida religiosa es una vida de acción, no conforme a un patrón determinado, sino acción en que no hay contradicción, acción que no está segmentada, dividida en vida de negocios, vida social, vida politica, vida religiosa, vida familiar, etc., ni vida como conservador ni como liberal. Ver que existe una acción que no está fragmentada, que es total, completa; y vivir de esa manera, es vivir la vida religiosa. Usted sólo puede actuar de ese modo cuando hay amor –amar. Y el amor no es placer cultivado y nutrido por el pensamiento; el amor no es cosa para cultivarse. Es sólo el amor lo que produce esta acción total y que puede posiblemente traer este completo sentido de unidad.

Lo «desconocido» no es algo extraordinario. Al vivir con lo «conocido» se convierte lo «desconocido» en su opuesto, algo que es contradictorio. Más cuando usted comprende la naturaleza de lo «conocido», las pasadas experiencias, las imágenes que uno ha creado del mundo, como las naciones, las razas, la diferenciación entre las distintas creencias religiosas dogmáticas –todas esas cosas componen lo conocido– y si la mente no está presa en ello, puede haber amor; de lo contrario, haga usted lo que haga, y aunque tenga innumerables organizaciones para traer la paz al mundo, no habrá paz.

Después sigue uno preguntando: ¿Puede un ser humano, usted y yo, u otro, podemos alcanzar una vida en que no haya muerte? ¿Podemos dar con una vida que realmente esté fuera del tiempo? una vida en la cual termine el pensamiento, que crea el tiempo psicologico, como sus temores. El pensamiento tiene su propia importancia, pero psicológicamente no tiene ninguna en absoluto. El pensamiento es dañino, está siempre buscando el placer internamente. El amor no es placer, el amor es bienaventuranza, algo enteramente distinto. Y cuando todo esto se vea con mucha claridad y uno viva de esa manera , –no verbalmente ni en un mundo de incomprensión, sino cuando todo eso sea muy claro. muy sencillo– entonces tal vez haya una vida sin principio ni fin, una vida eterna.

por lo tanto – therefore
aferrarse – cling to
erudita – learned (person)
astuto – shrewed
interfiriendo (interferer) – interfering
imponer – impose, inspire
términos – end, conclusion, term
carecen (carecer de ---) lack ---
irresolutas – indecisive
somnolientos – sleepy, drowsy
embotados –
dador – drawer
sobreviene (sobrevenir) – happen, break out
entraña (entrañan) – entail, involve
reforzamiento – reinforcement
deliberado – deliberate

insensato - foolish
motines - riot
sacerdotes - priest
perturbaciones - disturbance
* desdicha - misfortune
tinieblas - darkness
disipar - discipate, fritter away
engendra - breed,
desempeñan - redeem, carry out
despiadada - ruthless
impeder - impede, prevent
demostrar, probar - prove
pertenecer - belong
* desechar - reject, throw away
pueriles - childish
lograr - achieve
hallar - find, discover
ejerce - practice
deriva - drift wood, derive from,
ruego (rogar) - request
barrera - barrier
aportar - contribute
desenredar - untangle, sort out
esforzar - ~~effort~~ strain
esfuerzo - effort
aborrezco - loath, detest
desplegado - unfold
cuya - whose
plantear - raise (question, etc)
fiarse - trust
surge - emerge
reto - challenge
enfrenta - face, confront
enfrente - opposite, across

si Habrán observado - if you would observe
suceder - happen, occur; follow
Averiguar - find out
Conceder - award, attach (importance)
retirarse - withdraw, remove
torre - tower
engendrar - breed, father, engender
asentimiento - approval, agreement
entregado - hand over
heredado - inherit
impele - propel, drive
? capaces -
moldeado - molded

ÍNDICE

cotidianos - daily life
menosprecio - contempt
convierte -

índole - nature
mera - mere
mezquinos - mean
rendir culto - worship
sencillez - simplicity

rectamente ? p44
reprime - repress
cúan - how
red - net
riendo - rienda = rein
presos - prisoners
cogidos - screwed
entidad - entity
rechazamos - reject, repel
ramas - branches (tree)
proseguir - carry on
~~per~~ seguir -
inmediato - immediate
eludir - evade, avoid
exige - (exigir) demand
certidumbre - certainly
suscitar - generate, provoke
derroche - waste. (derrochar)
desperdicio - waste (opportunity)
trastorno - upset (trastornar), inconvenience
huir - flee. escape
presos - prisoners
desgaste - wear & tear
elucubrar - muse, ponder
exigencia - demand
exigente - demanding
acaso - perhaps, by any chance (por si acaso = just in case)
salvo - safe, except.
complejas - complex (building & insecurity)
Comisario - commissioner
tela - fabric, material (telar = loom)
tiranía - tyranny
avaricia - greed. avarice
tender - hang out (clothes, body parts), make (bed, table)
prevalece - prevail
desembarazarse de - clear, get rid of
abrumado - overwhelming
desvaneserse - disparse, dispel (suspicion, fear), faint
tirante - taut. tense.

de hecho - in fact
a traves de - through
por tanto
por lo tanto

tientas
venidero
basan
medida
infortunado
requerimientos
abordar
espantosa
expositor
implacable
adquirir - acquire
revele (revelar) - develop
capa (layer)
capaz - able : estar capaz de
apremio - pressure, harrase
enteramente - entirely
residir - reside
condeno - condemn
compresion - understanding
entretanto - meanwhile
huella - mark, footstep
tragedia - trajedy
trasfondo - background, undercurrent
mediante - by means of
despilfarro - waste
ira - anger
pugna - conflict
menester - job
incurrir - make mistake
bagatela - trinket
cabo - end
sacudir - shake
encenagar - p60
espantosa - appalling, dreadful
seriedad - seriousness
incredulo - incredulous
bondad - goodness, kindness
cometido - task
~~involucrar~~ - involve
p64 involucrar